复盘

股海沉浮30年之投资笔记

沈凌◎著

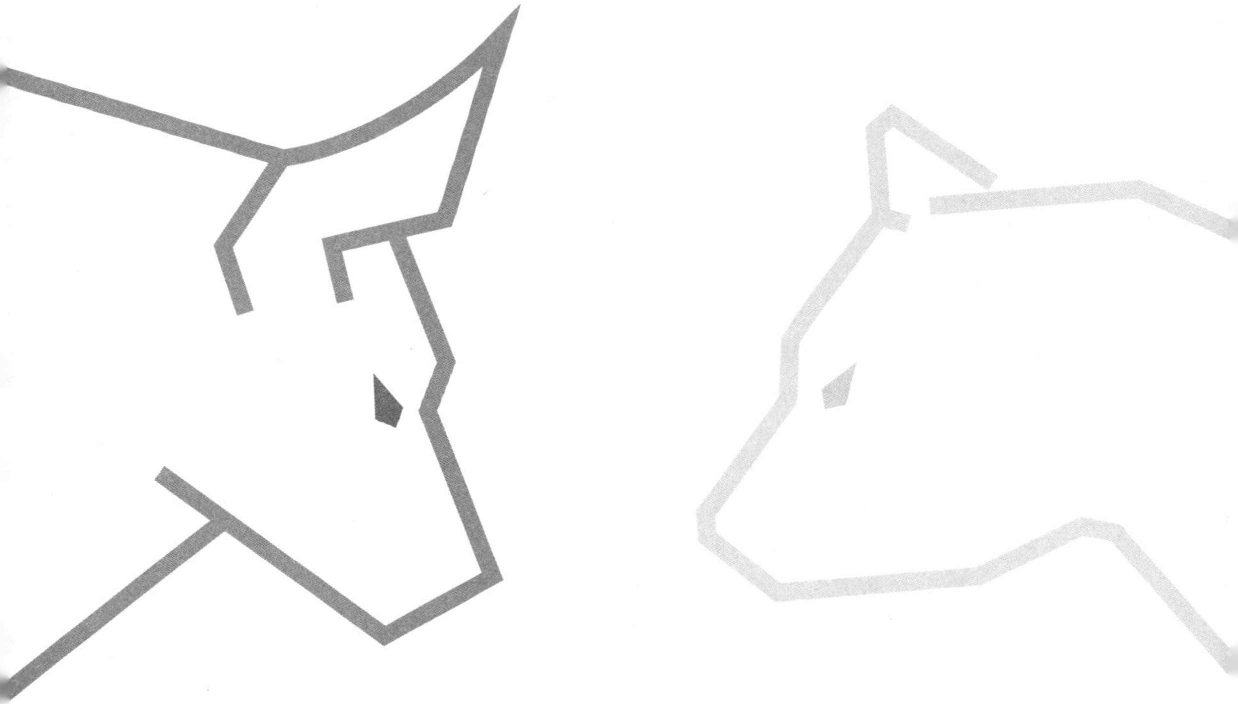

中国经济出版社
CHINA ECONOMIC PUBLISHING HOUSE
·北京·

图书在版编目（CIP）数据

复盘：股海沉浮30年之投资笔记/沈凌著.
—北京：中国经济出版社，2019.12（2022.6重印）
ISBN 978-7-5136-5891-1
Ⅰ.①复… Ⅱ.①沈… Ⅲ.①股票交易—基本知识 Ⅳ.①F830.91
中国版本图书馆CIP数据核字（2019）第197837号

策划编辑　崔姜薇
责任编辑　丁　楠
责任印制　马小宾
封面设计　任燕飞装帧设计工作室

出版发行　中国经济出版社
印 刷 者　北京艾普海德印刷有限公司
经 销 者　各地新华书店
开　　本　710mm×1000mm　1/16
印　　张　14.5
字　　数　194千字
版　　次　2019年12月第1版
印　　次　2022年6月第4次
定　　价　49.80元
广告经营许可证　京西工商广字第8179号

中国经济出版社 **网址** www.economyph.com **社址** 北京市东城区安定门外大街58号 **邮编** 100011
本版图书如存在印装质量问题，请与本社销售中心联系调换（联系电话：010-57512564）

文以载道　经世济民

欣闻沈凌先生的又有一部新作《复盘：股海沉浮30年之投资笔记》付梓，可喜可贺。

我和沈先生相识于网络。多年前我在报社负责证券时报网建设，微博兴起时，在网站搭建一个微博版的社区，沈先生是社区里最活跃的“社员”之一，其博文情怀深沉、有见地，总被报社评论版编辑搬到报纸上发表。从此沈先生似乎一发不可收拾，笔耕不辍，在媒体上发表了大量文章。去年秋天，我借在杭州采访机会，第一次从线上走到线下拜会家在杭州的沈先生，方知他也是“骨灰级”的股民。20世纪90年代初，刚刚大学毕业的沈先生，一边做外贸，一边做股票，直至1998年亚洲金融危机爆发，外贸生意不好做了，才选择出国深造。在德国波恩大学从硕士到博士，一读就是七年，回国后选择在上海的大学教书育人。可能基于和沈先生都是“股市同龄人”，这次相遇回味股市往事，相谈甚欢。沈先生对当下经济、民生、股市尤为关注，写作以经世济民为己任。

沈先生的文章视野开阔、情怀深沉。经济类文章是其写作的重点，除此之外，民生、教育、文化、历史等领域，他亦有涉及。他心怀天下，既看世界，又看中国，视野贯通中西，对西方世界尤其是德国了解甚深，这些都化成他笔下的文字，从中可以窥见广袤的世界。沈先生的文章有批评，更有建设，体现了知识分子深沉的家国情怀，他给自己专栏取的名称叫“庙堂江湖”，意当在此。

厚积薄发、深入浅出是沈先生写作的硬功夫。沈先生是德国波恩大学经济学博士，专业功底深厚，写专栏文章时，他擅长用经济学方法分析或解读，深入浅出，让文章变得好读好懂。他的文章，没有学究气，不掉书袋子，却有学问的底色，这是一种庖丁解牛的功夫。

沈先生是大学教授，但不是教书匠，是读书人，但不是书斋虫。他不仅热爱三尺讲台，也热爱大千世界，不仅读万卷书，而且行万里路。这让他的一系列专栏文章颇接地气，和光同尘，充满人间烟火。旅游区门票、地铁票价、旧楼电梯改造、廉租房……凡此种种，都是沈先生写作时关注的对象，他对此既发牢骚，又出点子，世俗得很，却聪明得很，是一个可爱的生活主义者。

文以载道，经世济民。祝贺沈凌先生的新作如期付梓！

高　峰
《证券时报》副总编
2019 年 10 月于深圳

自序 PREFACE

我从读大学时开始炒股票。近30年来，头发慢慢由黑变白，账户里的数字也由小变大。不过，我还是一个普通的股民，要说经验，远远比不上教训来得多，账户膨胀的速度也远远称不上“快”，顶多算是跑赢了CPI（居民消费价格指数）。

近30年，股市涨涨跌跌。媒体一会儿唱“死了都不卖”，一会儿忽然有人“割肉再不碰股票”，来来回回，循环往复。这让我越来越觉得，股市就像是人生的一部分，我们既不会和它一刀两断，也不会和它亲密无间到“眼中只有它”。生活的美好，应该如春花般多彩，而非像冬雪，虽然洁净但却单一。

投资决策，其效力的展现取决于时间，人生选择也是如此。

我相信，大部分人是短视的，说难听一些，叫“目光短浅”。这样说，不少读者一定不服气。但是大部分人追逐立竿见影的“涨停”个股，这种行为本身已经把投资人的短视心理暴露了出来。不少人认为，自己投了几万元在股市里，一个涨停板不过是10个百分点，也就能赚几千元，不算什么了不得的事情。这样的人，对股市投资一定缺乏认真的态度，也往往缺乏对复利力量的基本了解。

10%的收益率，如果持续100次，会是多少？千万不要告诉我是10倍或者100倍哦！是13781倍。如果你运气好，在全年200多个交易日里抓住了100个涨停板，那么差不多在2年以后，你就可以比肩巴菲特了。这样的概率有多少？

其实，只要每年能够实现10%的年化收益率，坚持50年，你也会有117倍的收益。而巴菲特现在之所以如此出名，首先就是因为他坚持了60多年的投资，其次才是每年超过20%的年化收益率。

如果你真的认识到复利的力量，就应该满足于每年10%的收益率。如果满足于这样的年化收益率，就不会天天为赚不到涨停板而烦恼了。如果你的目标是每年10%的收益率，那么你的投资决策一定不同于那些天天追涨杀跌的小散户，它需要你重新认真面对投资市场，做出理性的决策。

复利的力量如此之大。实际上，你对复利尊重与否，不仅决定了你的投资决策，还会影响你的人生选择。我一直就是这么认为的——股市如人生，人生如股市。

不少年轻人面对学业也好，职场也罢，甚至面对男欢女爱，都是“三分钟热度”。这样的偏好，或许来自于对自由的热爱。

在一个自由的学习环境中，你可以选择自己喜欢的专业和方向，听上去这似乎是一件好事情。但是太自由了，你反而会因此承担过多的转换成本，最后在不断的切换中变得越来越平庸。我在中国和德国的大学都经历了完整的学历教育。过去，我总喜欢拿德国教育做样本来批评中国的教育方式，不过有时候我也发现，德国大学过于自由的教学模式或许并不适合习惯了严苛管束的中国学生。因为不少同学其实并不清楚自己的选择，遇到困难，容易把不喜欢作为逃避的理由。这时候，自由便成了他们不能迎难而上的借口，就像每天都去追逐涨停板的投资策略，最后得到的并不是100个涨停板。

有时候，为了坚持长期投资策略，避免被短期因素困扰，我往往会买入一些交易费用很高的股票型基金，这样反而会因为对交易自由的限制而获得长期的收益。这样的投资策略对人生的选择又有什么样的启发意义呢？

从宏观上讲，中国经济已经经历了初级暴富的阶段，现在慢慢进入了以攻坚克难的技术创新为驱动力的高级阶段。从政府层面来看，我国需要那种数十年如一日、专心致志于一个方向的工匠精神。没有这样的精神，我们就不可能轻轻松松超越老牌资本主义国家。

那么从微观上讲，我们的人生，又应该如何好好规划，去契合时代的要求，不负这个伟大的时代呢？

为此目的，我才不厌其烦地追溯过去近30年的投资经历、家庭教育和生活方面的感悟，以阐释经济学在人生道路上的运用。作为散户，我们的家庭投资不仅仅是为了家庭财产的保值增值，如果把教育理解为人力资本的投资，那么我们对自己和子女的教育，才是家庭生活中最重要的投资项目。相比较而言，股市的涨涨跌跌又算得了什么？更重要的是，无论何种投资，都是通往幸福快乐生活的手段。如果我们忘记了生活的目的，执着于手段本身，也不符合经济学的基本原理。

所以，我和与我志同道合的粉丝们建了一个微信群，其宗旨就是三个：投资理财——实现基本的财务自由，子女教育——规划家庭的长远发展，游山玩水——享受生活的幸福快乐。这也是本书的基本精神，与读者共勉。

沈 凌

2019年8月

目录 CONTENTS

1993

股市里
最赚钱的
是卖软件的

（最高点 1558，最低点 750）

我大四的时候，中国股市刚刚拉开帷幕。无论是从老师那里听说的认购证的故事，还是自己亲眼见到的放开涨停板后 1 日暴涨 10 倍的惊心动魄的现象，都让我心痒难耐。① 于是我和 4 个哥们每人 2000，凑了 1 万元去开了一个账户。

为什么要凑钱呢？因为当时开户至少要 1 万元，少了还不让你玩。

由于当时大家都已经找好了工作，所以整天在宿舍里面喝酒打牌，晚上出去跳舞逛街，本来就没有什么正经事，炒股倒是一件相对有意思的事情，父母也就不怎么反对。在这里我真的要谢谢父母的宽容，因为在 1993 年，2000 元可不是个小数目，我 1 个月的生活费也就 100 多元。我对孩子的理财教育开始得也比较早，有人说这是“海归”的做法，我倒觉得不如说是父母的影响。

我们班里有两派。一派入市早了几个月，俨然以专家自居。我们 5 个入市晚了那么一点，于是常常被他们教训。刚一入市，我们根据教科书里面说的“股票的价值就是未来盈利的贴现”，一股脑儿买了几只当时的绩优股，结果刚回寝室就被人一顿教训：“绩优股？中国的股票有

① 在 A 股历史上，暴涨暴跌是家常便饭。1990 年底沪、深股市开业后，投资者们被压抑几十年的投资热情瞬间迸发出来，将为数不多的几只股票疯狂推高至天价。为了抑制泡沫，政府迅速推出交易印花税，于是市场又大幅度下跌。1991 年 4 月 3 日，深综指开始发布，基数为 100。到 9 月 7 日，该指数已跌至 45 点，5 个月缩水近一半，恐慌情绪之下甚至出现了市场零成交的现象。1992 年邓小平“南方谈话”后，证券市场开始扩容。同年 5 月 20 日，上交所宣布开放涨跌停板的限制，于是第 2 天，5 只新股齐刷刷涨了 25~30 倍，很多老股也在一日之内成倍上涨。在深圳，更是一夜之间涌入 120 万人彻夜排队抢购新股，排队者前胸贴后背地紧紧挤在一起长达 10 多个小时之久。

绩优吗？你买的股票那么‘优’，但是没有人炒啊，你靠什么赚钱?”我们听得一愣一愣的，想想还真是那么一回事。于是过了几天，我们跑去营业部卖掉了所谓的绩优股，亏了一点小钱。出师不利!

之后，我们听了“专家”的意见，但是买进的几只股票也都不好。为什么呢？后来想想，是因为整个大势是往下走的。当时一共也没几只股票，要涨就一块儿涨，要跌基本一起跌，无非是这个波动幅度大一点，那个波动幅度小一点罢了。不过大家都还是好哥们，没有因为意见分歧而吵架。记得有一次，我代表大家去营业部看盘，听说某只股票会涨，没有通知大家就买入了（当时可没有互联网，只能去营业部看墙上的大屏幕，我们也不可能有手机，当时的手机可是2万多元一部的大哥大)。回到寝室一忙别的事情，我也忘记告诉大家了。结果第二天开始，这只股票就跌了。我不知道该怎么办，因为没有通过集体表决就买进，造成了亏损，应该我一个人承担所有的责任。后来一个哥们拍拍我的肩膀说：“没事的，你赶快平了吧，多少亏损，我们一起承担。”这句话让我印象极其深刻。出了校门，这样的朋友可就没有了。

我们的炒股业绩惨不忍睹，但我居然被人请去当了回股票“专家”讲课——所以大家千万不要太相信所谓的“专家”，搞不好他们连米勒定理都没有听说过，就在给你讲公司价值。原来，我一个铁哥们的铁哥们是电机系出身，毕业了不好好回北京找工作，享受“皇城根”下朝九晚五的生活，偏偏要赖在西湖边创业。电机系的人能创什么业？总不会自己捣鼓几个电机出来吧。的确，他没有想埋头数十年去发明一个电机，而是邀了一帮学弟学妹，租了一家宾馆的几个房间，在那里设计电脑程序。这个电脑程序不是拿来做别的，就是炒股票用的。当时社会上有几个人真的知道股票是什么东西？连那位想创业做股票软件的哥们也不知道。所以，我就被算作矮子里面的长子，去给他讲经济。

要说什么是差异化竞争优势？这就是经典案例！我能给他讲软件开发吗？不能。我能给炒股票的专家讲经济吗？那时候也不能。我只能对家庭主妇谈政治，对着电机哥们讲经济。不过现在想想，我还是很害怕。因为当时我在大学里面也没有学到什么真正的经济学。高考成绩超过 600 分，足够进入浙江大学混合班的我，在经济系混了 4 年，没有认真学到系统的现代经济学理论知识。后来想想，当时给我们上课的老师，最高水平也就是去德国听了几堂课，打了几年工，背了“三大件”回国，怎么能够教我真正的经济学呢？我听到、学到真正的现代经济学知识，还需要再等上 10 年，等我赚够了旅费自己去德国留学的时候。这就是当时中国和世界先进水平的真实差距。当时上课用的是梁小民版的《西方经济学教程》，每堂课 45 分钟，老师还只讲 30 分钟的“西方经济学”，讲完了还要在剩下的 15 分钟里运用马列主义思想批判一回刚才讲过的东西。这么一算，前 30 分钟是不是等于白讲？45 分钟加起来等于什么也没有学到。

虽然我当时只知道“需求等于供给”，但也许别人连这个也不知道。所以，我还是去给别人讲了几次。除了讲讲经济学基本常识，我们还要做的一件事就是看看有什么技术指标能够构建起来，让软件能够指导股票买卖。记得当时我有一个创意，现在想起来还觉得很自豪。刚才说了，因为当时股市股票不多，总的来说大家都是齐涨齐跌，但是每只股票的涨跌幅是不一样的。因为有的股票参与的人多，有的股票买卖的人少。所以当时我认为，应该构建一个表示个股和大势的联动系数，那样我们就可以指导股民在大势上涨的时候买入联动系数大的股票，在大势下跌的时候买入联动系数小的股票。甚至，如果能够有一个卖空机制的话，我们就能对冲大势涨跌的风险，稳赚个股和大势的差价。我把这个想法说给了那个创业的哥们，也算是我拿了人家钱的回报。但是我不知道他后来有没有继续往这方面做——应该是没有。后来我去国外留学，在一次金融课上，我再一次听到了这个联动系数——敢情教科书上早就明明白白地写着了，它的学名叫贝塔系数。看来我还是有点天赋的，无师自通嘛。

那是一个群雄并起的时代，有人买卖股票一夜暴富，也有人埋头做这类软件。不是有这样一则寓言吗？一个金矿被发现后无数人去淘金，但最终发财的却是金矿边卖水的小卖部老板。10 多年后，我从国外回来，打开电脑炒股，用了一个软件叫作“同花顺”，才知道原来那个电机哥们已经成了同花顺的老板。可惜，我们的共同铁哥们，那位一肩担道义的兄弟却消失在茫茫人海之中，我再也没有找到他。至于同花顺的老板，我也找不到他，因为我既不知道他的电话号码，也不知道他秘书的电话号码。

话说回来，大五的日子过得好快。一晃眼我们要毕业了。分手的酒喝了无数回（不是多到无数的无数，是我们都没有去计数的无数），股票账户也要清盘了。大家算了算，几个月下来亏损了 20%左右吧。当时我一个月的生活费才 100 多元，一下子亏掉了四五百元，还是挺心疼的。

好在我们还年轻，都要走出校门去工作了，相信面包会有的，钱也会多起来的。我们对于未来都是信心满满。

1994

股市里没有绝对的安全感

（最高点 1052，最低点 325）

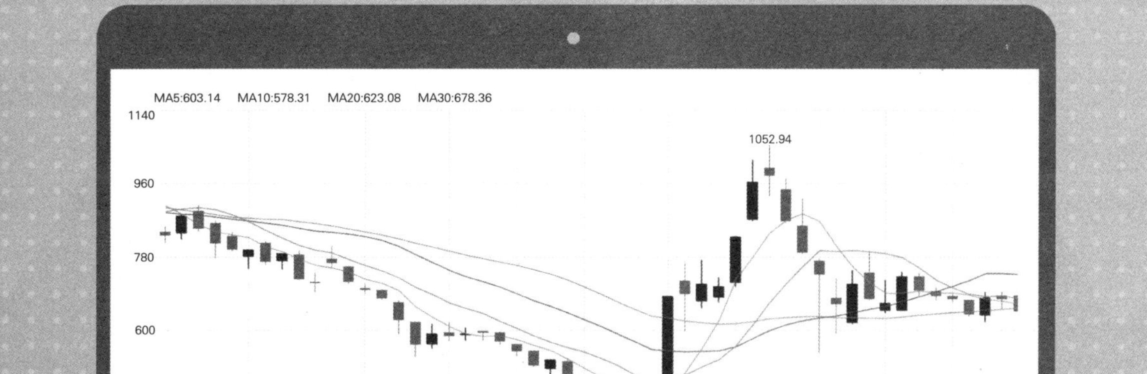

还没有正式毕业的时候，我其实已经去单位上班了。因为当时单位的一个部门成立不久，需要人手，我就去当学徒，整天跑到下面的农村去出差，三四个月实习下来，人又黑又瘦。

有一次我去找一个女同学，后来她说："当时你那个样子把我吓了一跳，怎么跟鬼似的？这样子也想来追我？"所以我现在看江苏台的《非诚勿扰》，对那些正处在创业艰难时期的男生常常抱有极大的同情——每个人都是这么过来的啊！

股民们买股票，有喜欢绩优股的，也有喜欢潜力股的。找男、女朋友其实也是一样。20 来岁的年轻人，不是富二代，那么他们更多的是奋斗的疲惫和蜗居的无奈。如果女孩希望获得所谓的安全感，就只能找那些三四十岁事业有成的。但是这个时候的他业绩已经明明白白，不是只有你一个人才知道他有才并且有财。既然大家都知道，那么凭什么就一定轮得到你呢？看着《非诚勿扰》里追求所谓安全感的男男女女，我很想冲上去对他们说一句："人生就像股市，从来都没有绝对的安全感嘛！"

人生就像股市，那么股市也就是一个浓缩版的人生。不光浓缩了，而且有一个好处——可以让你不久就明明白白地看到选择的结果。其实，人生就是由无数个选择构成的，我们的每个选择显而易见都会影响到未来的生活，遗憾的是，我们的人生没有如果，如果过去不选这个选项而另择其他，那么最后的结果会是怎么样。特别是为人父母之后，我的感触更深。夫妻之间为了孩子教育的争吵也往往由此而起，因为大家都觉得自己的选择是对的，但是又没有很确定的办法去证明自己是对的。

但股市不一样，股价走势很快就可以让你看清楚，你上周或者上月的选择“成色”如何。所以“君子博学而日参省乎己”，在股市里比较容易做到，一个好的投资者往往很愿意对自己以往的决策做复盘。如果连自省的勇气和能力都没有，那么你一定不是一名好的投资者。我现在在这里絮絮叨叨，其实也是对自己投资经历的一种自检，希望大家能够看下去。

我们回到 1994 年。

我又黑又瘦的回报是几千元的季度奖。在当时，这可是一笔不得了的财富。我不是刚刚还为四五百元的亏损满腹愁肠吗？这下钱来了。工作了就是比学生那会儿阔气啊。来不及感慨，我回学校找哥们喝酒去了。

毕业的分手酒有两类。一类是好哥们、好姐们聚会，指点江山、挥斥方遒的；一类是同学们凑起来请老师，叫“谢师宴”。现在谢师宴成了饭店促销的一个名头，但那时候大家都很单纯，不讲究什么酒店什么标准。我记得我们请班主任就在后校门的小馆子里吃饭。老师甩出一包云烟“红山茶”来，我们大家还抢着抽。不是“谢师”吗，怎么反倒抽起老师的烟来了？老师是从德国回来的，见多识广，说到股票，我们刚刚股票清盘，亏了一大把而心有不甘，于是问老师：“现在股票跌到 300 多点了，也跌了大半年了，你觉得还能不能买啊？”

“买啊，为什么不买呢？去年 1000 多点，现在 300 多点，你觉得衣服打 3 折你会不会去抢购啊？”没有深奥艰深的经济学理论，一个简单通俗的比喻，让我豁然开朗。是啊，不管股票有没有业绩，无论它未来几十年会怎么变动。从目前来看，这只股票还是原来的股票，半年时间，价格打了 3 折。除非政府确认要关闭这个资本市场，否则现在还是捡便宜货的时候，对不对？吃完饭，第二天我就去股市激活了那个沉睡了3个月的账户，打进了我的季度奖。1994年8月1日是令我刻骨铭心的一天：股市跳空高开20%，全天大涨33%。一周5天，天天上涨，全周上涨104%！我的老天啊，一个季度奖到手了！

股市的魅力第一次展现在我的眼前。过去的认购证啊，涨跌停板取消啊，对我来说都是隔壁家的故事。但这次证监会“三大政策”，① 实实在在让天上落下的馅饼砸到了我头上。我揉揉脑袋，这个幸福的晕眩感让我永生难忘。

也就是通过这件事，我记住了一条真理：买入的时候总是要被套的，被套不可怕，可怕的是你跟着别人害怕！我从此也记住了：机会永远存在！千万不要说：“哎呀，我生得晚了几年啊，当初认购证时代没赶上……”如果你没有能力抓住现在的机会，你有什么理由认为，时光倒流几年，你能够抓住当时的机会？比尔·盖茨不能成为石油大王洛克菲勒，因为那个时代已经过去了。但是比尔·盖茨超越了洛克菲勒，因为这个世界需要人机对话，他发现了这个新的需求。

中国股市总是让人几多欢喜几多愁，而且愁的时候长，欢喜的时候短。关于这个，钱钟书早就有了论断，快乐快乐，本来就是快的。人们

---

① 1994年7月30日，中国证监会宣布三项“救市”措施：年内暂停新股发行与上市，严格控制上市公司配股规模，采取措施扩大入市资金范围。《人民日报》发表《证监会与国务院有关部门共商稳定和发展股票市场的措施》，昭示着1993年上半年熊市后管理层的坚定信心，引起8月狂潮，俗称“三大政策”。

具体措施包括：一是在股票供应方面，进一步放慢发行和上市节奏，年内除已发行尚未上市的股票外，暂停新股发行和上市，并严格控制配股规模；二是在资金投入方面，发展国内投资共同基金，培育机构投资者；试办中外合资基金管理公司，逐步吸引外国基金投入A股市场；三是有选择地对资信和管理好的证券机构进行融资。

背景：这次救市是在低迷行情持续1年半之后，市场信心处于极度涣散的状态下，管理层在市场的重压之下突然出台了“三大利好”，将市场从危险的边缘拉了回来。

市场反应：政府出台救市政策后，股指从333点跳空高开1个月后涨到1000点之上。出台后第一个交易日，股指急速飙升33.2%，上证指数短短33个交易日从最低的325点上涨至1052点，涨幅为204.13%，成为我国证券史上股指上涨速度最快的一次；随后是长达1年多的下跌之旅，最终于1996年1月19日见底（512点）。

想永远快乐，就好比要方的圆，自相矛盾，永远不能实现。8 月，救市的行情猛烈地上涨了 6 周，到 9 月中戛然而止。但我沉浸在其中，浑然不觉。每天下班听听股票（当时了解股票行情靠听广播，所以不是看而是听，想看的话，要等第二天的报纸出来，或者第一天下班去营业部。但是下班了人已筋疲力尽，谁还会去看），都是价格上涨的消息。我不是不知道股票会亏，我们去年亏损 20% 的记忆还很清晰。但是我想等等，等到第三季度的奖金下来，凑在一起买一台大彩电让妈妈乐呵乐呵。当时彩电的价格可不低啊！记得同事买了一台 29 寸的彩电要 1 万多元，而且重得要死，叫我帮忙抬。我一边抬，一边“羡慕嫉妒恨”，那种感觉别提了！

为了大彩电，我一等再等，结果等到的却是股票下跌。不过这次下跌是慢慢的，就像温水煮青蛙。到了年底，股指从 1052 点回落到 647 点，跌了将近一半。现在看来，跌幅当然不小。但是对当时的我来说，这并不激烈，也不心疼。因为一则我手上的都是盈利盘，无非是赚多赚少；二则我的三季度奖金和每个月的工资都超过了我的预期。我屡买屡跌，屡跌屡买，学起了刘邦，决不当项羽，实际上做成了现在大家熟知的定投。到年底的时候，我平生第一次拿到了五位数的年终奖，并把它们全部投入了股市。

其实对于我们这代人来说，财富的积累大部分首先来自工资，也就是我们的人力资本。所以，如果你一直坚持把收入的一部分投资于股市，那么你先天就是一个定投战略的实践者。由于中国股市“熊长牛短”，只要你定投，那么大概率会在底部买入，随着股市高涨，你可以慢慢卖掉一部分股票。这样的话，要在股市里亏本，都是一件很难的事情。但大部分人并不是这样思考问题的。他们总是在看到股市大涨、别人赚钱之后，才想起应该买点儿股票。那么买什么好呢？别人能够赚钱，说明股票已经经历了上涨。这时候买股票，不就是风险大大的，收益少少的吗？如果一直这样操作，不总是在牛市入市，到熊市出来吗？

也有不少人认为，自己不懂股票，可以不投资股市，这是一个极大的误解。你不懂医学，但是你需要了解一些养生之道，因为每个人都想活得健康一点。不懂医学，或者甚至连养生之道也不知道，我们就会去向专家或医生寻求帮助，目的是借用专家的知识武装自己。去咨询医生，并不是要医生把医学原理讲给你听，其实就算医生愿意讲，你也不一定能听懂。

同理，你有资产就必须理财。我们的收入和支出总是不能相互匹配，所以理财的需求任何人在任何时间都会有。例如，我们的收入是按月获得的，但买房子通常是一辈子才会有一次，顶多两三次。所以，我们需要把收入的一部分存起来，积累起来才能买房，这就是说，你需要理财。

如此说来，越是依靠体力赚钱的蓝领工人，理财的需求越强烈，可惜他们的经济学知识却是最缺乏的。为什么他们的理财需求特别强烈呢？因为他们的收入是前高后低的。年轻力壮的时候赚钱最多，后来体力越来越差，收入也就越来越低，但支出却往往是年纪越大就越高。收入和支出的不匹配，是理财需求的源头所在。因此，一个健全的资本市场，应该给不同的人群提供不同的投资品，特别是应该提供一些产品去满足那些知识储备不足而理财需求强烈的蓝领工人。

相反，越是依赖技术吃饭的人，收入越会随着年龄的增长而增长，如医生、工程师、教授等，基本上都是这样。对于他们而言，因为收入的时间分配和支出相吻合，所以理财的需求比较从容。在生活中，我们常常看到白领可以“输得起”，股市被套也不怕，因为套就套了，以后的收入在增加，可以源源不断地提供新增资本去解套。

现在，我也完成了从讲台下到讲台上的转变。回顾中国的 GDP（国内生产总值）演化路径，我会对年轻人讲，1992 年是中国改革的一个分水岭。邓小平的“南方谈话”，让中国的市场化改革再次迈出大步，经济增长率连续3年保持在13%～14%，直到1995年才回落到10.9%，而这还是略高于过去30年的平均增长速度。这或许可以解释，为什么我当年一毕业就能迅速找到工作，也可以解释为什么当年公司的奖金能发那么多。但是身处当时的股市之中，为什么除了三大救市政策带来的6周牛市，我感到的就是绵绵不断的下跌呢？

如果我们沿用教科书的理论，假设股票是能够带来分红回报的资产凭证，那么我们就无法理解：经济高涨时代应该是盈利也高涨的时候，为什么股票的价格反而下跌？有人说，那是因为当时我国宏观经济偏热、通胀压力较大引发了紧缩性宏观调控，同时国内股市实现了一次大规模的扩容。的确，1992年沪深两市上市公司只有53家，而到1994年底，已经发展到291家，规模扩大了5.5倍。受此影响，上证指数从1993年2月的1558点连续下跌到1994年7月的325点，市场极度萧条。①

通胀无牛市，扩容无牛市，成了当时人们的信条。

但是这样的解释仍然不能让人信服。如果经济高涨，通货膨胀就不仅意味着工资和成本的上涨，也意味着产品价格的上涨，所以公司的盈利也会增加。为什么通胀只会通过银根紧缩，导致对股票的需求减少，而不会通过带动企业盈利增加从而吸引更多的资金来购买股票呢？如果股票能够带来丰厚的回报，股票的投资价值在通胀中应该更加显著。因为在通胀中，资金按固定利率出借给别人会带来更大的贬值风险，但是买股票能够分享未来盈利的增长，相当于一个灵活利率的借贷，至少比固定利率的借贷要好。

所以，唯一可能的解释就是，中国的股票不能给投资者带来分红的回报。这一点，理性的投资者在入市的时候就已经预料到了。在一些人

---

① 张晓峰．估值底早现 政策底闪现 市场底不远［N］．证券日报，2010-05-20.

看来，中国的股民大都是“不理性”的，要我说，说这话的人才是最不理性的。哪个人会不理性地对待自己的腰包呢？我们期待投机，是因为我们本来就没有投资的渠道！既然老百姓无法预期分红的回报，那么对我们来说，实业投资带来的盈利前景越好，资本投入股市的就越少。股市成了一个和实体经济相反的资金蓄水池。只有实体经济不好的时候，百无聊赖的资本才会想到股市里面来搏一把，赌赌运气。

1995

被青春撞了一下腰

（最高点 926，最低点 524）

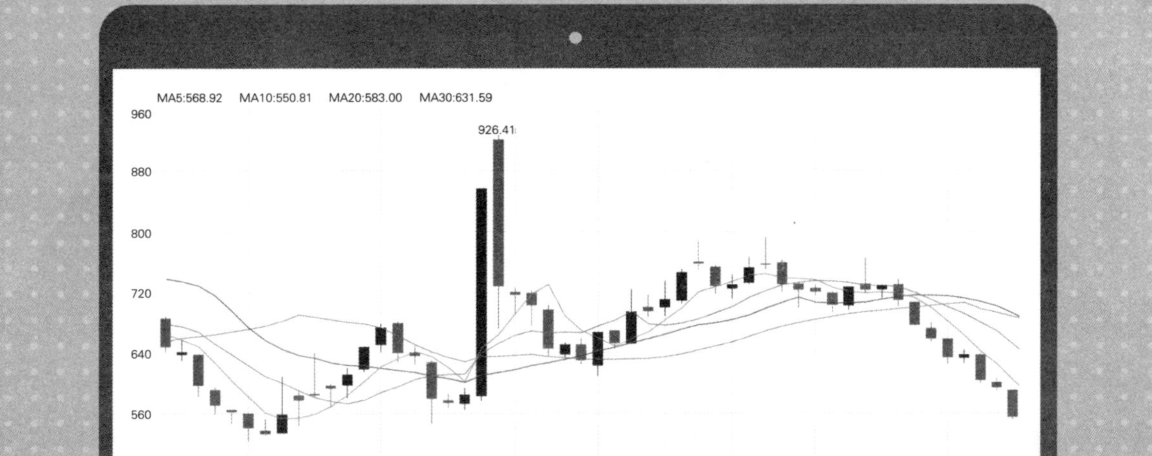

这一年从股市上来看，很平淡无奇。新年第一天，股市以 637 点开盘，年终收盘是 555 点。从年线来看，没有什么大涨大落。中国的经济在这一年慢慢降温，通货膨胀率从上一年的 24.1%下降到 17.1%，GDP 的增长率当然也降了下来。

但是对我来说，事业才刚刚开始，一切都是那么美好。业务增长，让我只能叹息分身乏术，只好放弃休息，天天加班。虽然我没有很多时间陪女朋友，但是每每夜深人静，我们总是偷偷拿起电话，互诉衷肠。青春是那么美好。

本来无事的股市，却在 5 月 18 日猛地被青春撞了一下腰。其实我对这件事的记忆已经相当模糊，因为当时我对股票都是迷迷糊糊的，遑论期货了。虽然毕业分配时，我们寝室的带头大哥被分配到了苏州交易所做期货，回来时拿着一部大哥大，让我很是艳羡，但是总觉得期货离我们太遥远。不料 1995 年 2 月 23 日，上海国债期货出了大事，上演了一出《子夜》里面讲的旧上海故事，并最终影响到了我的生活。

简单来说，1992 年财政部发行了一种三年期国库券，叫作“327”国债。它应该在 1995 年 6 月到期，按照它的票面利率，到期应兑付 132 元。但在之前的 1994 年 10 月，中国人民银行就提高了三年期存款利率，这一利率甚至高过了“327”的。这样一来，市场上就有了多、空两派。双方对峙的焦点是对“327”国债到期价格的预测。

如果没有任何新的政策，那么期初以 100 元钱购买的“327”国债，到期只有 132 元，而同时期如果存银行，得到的收益还高于这个数字，有人计算得出至少是 148 元。既然如此，理性的投资者应该会抛弃“327”国债，转而存银行，直到国债价格下跌到 90 元以下，才可以和存银行获得的收益相当。这就是当时以管金生领衔的万国证券等做空阵营的态度。他们认为：1995 年初，通货膨胀已经开始回落，财政部不会掏出 16 亿来补贴“327”国债。也是，白纸黑字写好了的利率，认赌服输，为什么财政部要多掏钱呢？

但是也有人认为，保护国债利率永远高于储蓄利率，是一件涉及政治声誉的重要事情。如果这一期国债因为市场风险而低于银行利率，那么未来的国债发行将会遇到重大的困难。所以，财政部应该会为了维护这个长远的声誉而不计较一时的得失，从而决定对“327”国债追加利率。一旦追加利率，那么现在的市场价格就应该被看涨，而不是看跌。这就是有财政部背景的中经开（公司）等做多阵营的态度。他们坚信：财政部可能要提高“327”的利率，到时会以 148 元的面值兑付，而不是 132 元。

从表面上看，这似乎是一个政策博弈，很多人到现在也不明白，管金生为什么要和中经开斗。认为最终结局如此，是因为地方斗不过中央，但是从本质上看，任何政策出台都是有理论依据的，上面的“事后诸葛亮”告诉我们：这对政府来说是一个长期利益和短期利益的权衡，放弃短期利益（16 亿元）而维护长期的国债声誉，并不是一个“拍脑袋”的决策。所以说中经开（公司）完全是依赖内部消息，也不是那么客观。

1995 年 2 月 23 日，财政部正式发布了提高“327”国债利率的公告，百元面值的“327”国债将按 148.50 元兑付。

2 月 23 日上午一开盘，中经开率领的多方借财政部的利好，用 80 万口将前一天 148.21 元的收盘价一举攻到 148.50 元，又以 120 万口攻到 149.10 元，接着又用 100 万口攻到 150 元，下午攻到 151.98 元。

在此期间，空方主力万国证券一直在拼死抵抗，试图以自己的顽强来动摇多方的信心。但情况正相反，万国证券的同盟军辽国发突然倒戈，改做多头，于是形势大变，“327”国债在1分钟内竟上涨了2元，10分钟后共上涨了3.77元。

这意味着“327”国债每上涨1元，万国证券就要赔进十几亿元。正在多方胜券在握之时，下午4时22分，风云突变，空方先以50万口把价位从151.30元打到150元，然后连续用几十万口的量级把价位打到148元，最后用一个730万口的巨大卖单狂炸尾市，把价位打到147.40元（在国债期货买卖中，1口为200张合约，1张合约为1000元面值国债，尾市报出共730万口的卖单共14600亿元，而“327”国债一共才750亿元）。

收市后上交所紧急磋商，当即宣布：23日16时22分13秒之后的所有“327”品种的交易无效，该部分成交不计入当日结算价、成交量和持仓量的范围。经过这一调整，当日国债成交额为5400亿元，当日“327”品种的收盘价为违规前最后签订的一笔交易价格——151.30元。万国证券赔60亿元与赚42亿元，就在一瞬间。①

3个月后国债期货市场关闭，5个月后管金生被捕。指控他的罪名有渎职、挪用公款、贪污、腐败等，但没有违反期货交易规则的说辞，因为当时没有相应的法律条文来套用。在此前后，上交所总经理和中国证监会主席都换了人，万国也和申银合并了。

这件事我一直知道，但是觉得和股票没什么关系。所以说，我的金融知识还是不够啊，书到用时方恨少！

5月17日下午5点40分，证监会下发紧急通知，5月18日起在全国范围内暂停国债期货交易试点。于是，巨量的投机资金没有了方向，一下子全进了股票市场，催生了著名的“5·18”行情——3天的短命井喷行情。5月18日，深、沪两市人声鼎沸，巨量暴涨。当日沪市以

---

① 董铮铮，浦泓毅．国债期货推出不会分流市场资金有利于A股发展［N］．上海证券时报，2013-07-03.

741点跳空，130点开盘、收于763点，比上日收盘高出180点，涨幅达40%多。深市也不示弱，以1233点跳空190点开盘，尾市收于1287点，较前日上涨244点，涨幅达23%多。其后两天，股市继续猛涨，到5月22日星期一，上证指数收于897点，深成指收于1425点。①

不知道有不知道的好处，我虽然完全没有预计到国债市场关闭会带来这样猛烈的行情，但是过去大半年来一直被套的行情，让我本能地有一旦解套就马上出逃的冲动。问题是当时市场的信息传播得很慢，我没有电脑，知道猛涨的行情都已经在收盘后了，第二天也未必有时间请假去卖股票。所以印象中，我是在第二天或者是第三天才反应过来，把过去半年来买入的股票基本在盈利的情况下卖出了。

行情真的很短暂。青春的冲动当然不能持久，无论人还是股市，都是如此。快速的爆发之后，是又一次归于平静。

连续两年的投资经历给了我一个重要的启示，就是中国的股市基本就是一个投机市。我们的股票不能通过分红带来回报，那么买入股票能够期待什么呢？就是股票价格的波动产生的交易性机会。说白了，就是从一个口袋出来、进入另一个口袋的“零和游戏”。或者说，股市就是一个赌场，但市场没有给我们做空的机会。所以想赚钱，总要向上拉一把。这个上涨的机会什么时候来？我不知道，你也不知道。所以，我们需要买套，买了之后等在那里，等到突然出现的上涨机会，就坚定不移地离场观望。观望什么呢？观望接下来的下跌啊……

这算是经验吗？我不知道。

要想认清这一条，仅仅两次的经历还远远不够。我还会犯错误，还会一次次用钱的教训来证明它的正确性。

所以这不算经验，算是教训吧。

---

① 董铮铮，浦泓毅. 国债期货推出不会分流市场资金有利于A股发展［N］. 上海证券时报，2013-07-03.

1996

股票要不要分红

（最高点 1258，最低点 512）

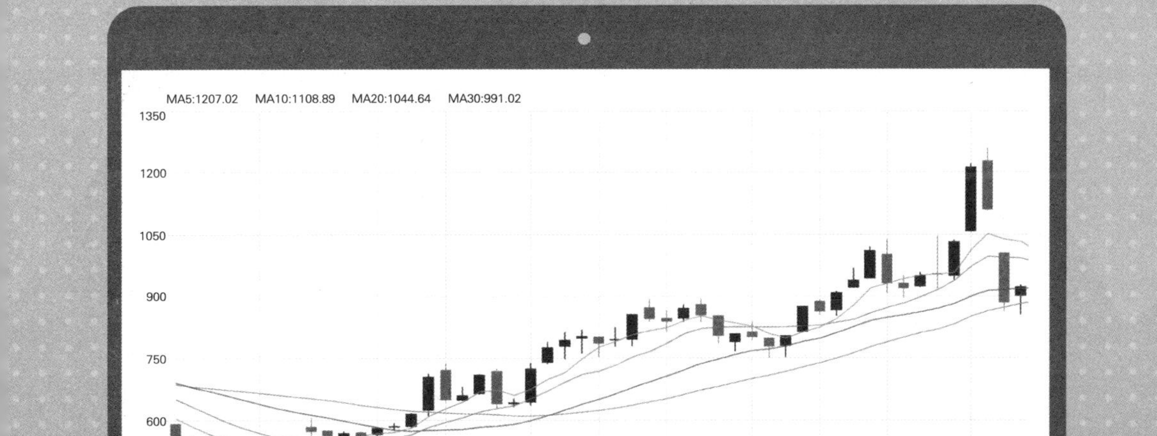

1996年是最让人舒心的一年。在工作2年之后，我的生活步入了收获期——我结婚了。在我炒股3年之后，股票也步入了收获期。从年初的最低点512点稳步向上，每个月都是上涨的，最高点出现在年底的1258点。那是一种怎样的热情啊！股市天天向上，再没有人好好学习了。

对于1996年的股市，我还记得什么呢？不用查资料，我就能清楚地记得四川长虹和深发展。在经历了前几年的炒作之后，忽然间，大家似乎发现了中国股市之中还是有几只绩优股值得投资的。记得我最早听到股评家推荐四川长虹的时候，它才八九元钱，市盈率不过10倍上下。在那个年代，一般股票的市盈率通常是几十倍甚至几百倍。在我们的观念里，股票好像不应该看市盈率，那是一个舶来品，是美国人才看的指标。

但从1995年开始，家电特别是彩电进入寻常百姓家。一般的家电生产厂家开始享受到盈利高速增长带来的快乐，四川长虹是一个后起之秀。那时候，每个地方都有自己的彩电厂家，它们纷纷引进海外厂家的生产线装配彩电。这是一个家电行业的时代。全国大大小小估计有不下百家的彩电生产企业，市场的力量当然要开始发挥作用。这就是物竞天择，优胜劣汰。

长虹是一家有军工背景的国有企业，当时的掌门人是倪润峰。国有企业的掌门人一般来说比较容易出现两个极端情况：一种是混吃混喝、不干事，因为反正是“大锅饭”嘛。这样的企业迟早会死掉，但是它们是悄悄地死掉，我们一般不知道。还有一种就是特别敢于冒进，反正最后的风险是国家承担的，成功了，功劳似乎就是他们的；失败了，他们能够承担的也就是“要钱没有，要命一条”。当然，大部分国有企业领导并不是那么极端，而是处在这两个极端情况的中间阶段。这样的制度安排，创造出了一大批“改革明星”，从本质上讲，倪润峰就是其中的一个。长虹的增长是超高速的，几乎每年业绩都要翻番。所以，就算它不分红，我们也禁不住这样想：“每股10倍不到的市盈率，每年增长率还在百分百，那么就是说，要不了两三年，它一年的每股盈利就抵得上现在的股价了。万一它分一点点红，那就赚大发了。”这就是简单、朴素的“未来盈利的折现”思想，所以我记得当时的股评一边倒地吹绩优股，说长虹这样的公司已经垄断了行业（当时它的产量占全国彩电的一半），盈利是不会降下来的。

我以9元一股的价格买入，中间有过买进卖出，但是始终没有放弃，直到第二年它创出60元的新高。这个高度是前无古人、后无来者的，因为之后，它再也没有回到过这个位置。在60多元吐出去之后，我其实还不清楚这个价位的历史地位，幻想着还能创新高。我记得在它跌回50元以下的时候，我还尝试着又买了一点，但不久就认亏出局了。幸好能够认亏，因为之后四川长虹的股价就一泻千里，再也没有了昔日的辉煌。我最终认定它再无出头之日，是因为听到了这样一个新闻：倪润峰复出后，居然放账出口40亿元的货到美国去。我是懂外贸的，知道我们公司有严格的规定，放账出口是绝对禁止的，更不要说放账40亿元了！他这是把过去几年赚到而没有分红的利润全部转了出去啊！

这个事件再一次证明，中国的股市是不会有分红回报的。那么绩优的公司，那么丰厚的业绩，它就是有办法不分红，就是有办法把利润消匿于无形。

2011年，15年后的证监会主席重提上市公司要重分红，甚至想强制分红，这让我再次想到1996年那火热的绩优股行情。中国的股市被称为“抽水机”，不是没有道理的。有证据表明，在过去的10年间，A

股分红 1.95 万亿元，融资 3.15 万亿元，股民们净贡献 1.2 万亿元。

当然，数据本身并不能说明这个事情的合理与否。上市公司少分红或者不分红，可以有 2 个完全不同的理由：

首先，它可以说目前的业务蒸蒸日上，我们需要扩大再生产，所以为什么现在分红呢？不如投入到新的生产中，获得更多的利润将来分给大家。微软在高速成长的时候也是不分红的，但这并不妨碍它获得大家的认可。有人指责 20 世纪 90 年代的微软是只圈钱不分红的抽水机吗？

其次，也有可能是它根本不打算分红。我们缺乏对管理层的有效监管，管理层会藏着利润自己慢慢享用；管理层也可以一夜之间跑路，如 20 世纪 90 年代的四川长虹，积累了大量的利润不分红，然后在某一天突然全部放账到美国。

现在我们的证监部门站出来说：我们要加强上市公司的分红力度，从而改变上市公司重融资、轻回报的现状，让人觉得耳目一新，说到了点子上。那么对于上市公司而言，融资和分红是不是真的那么“鱼和熊掌不可兼得”呢？我们可以拿现在的银行股举例。一只市盈率大约 6 倍的股票，也就意味着 6 元的股价对应了 1 元的利润。如果不分红，那么上市公司可以获得每股 1 元的新增资本用于扩大再生产，扩容 16.67%。如果分红了呢？这 1 元钱没有了，但是股民将会看到 16.67%的分红回报率。相对于一年期存款利率（假设为 3.5%），这是一个天大的好机会！从理论上讲，新资金将会买入这只股票，直到它的股价上升到 30 元，因为这样，它的分红回报率才会回到正常的 3.5%水平。到那个时候，上市公司即使真的需要扩大再生产，也只需要扩容 3.3%就可以获得 1 元的新增资本了。这样通过分红，上市公司和股民都能够获得好处，实现双赢。我们可以“既重分红又重融资”，两者之间并没有明显的利益冲突。那么，这个好处是从哪里来的呢？是新资本的加入。正因为上市公司注重投资回报，新的资本才敢加入。让市场来配置资源的本意，不就是让资本流入高回报的行业吗？

所以，加强分红力度，的确能从根本上改变目前中国股市重题材、不重分红的现状。因为现在的股民重题材也是迫不得已，真正的分红实在低到不能吸引资金的参与。但是具体到某一家公司愿不愿意分红，还是需要结合公司的经营情况来定。上市公司只有权衡了分红和融资的利弊，才能判断哪一种分红政策有利。如上面的例子中，如果股价超过了30元，扩容其实不能得到市场的响应，因为投资者的回报低于3.5%，所以公司不如采取不分红的办法来自我融资。这样，股价又会由于不分红而下降到合理的水平。这就是市场调节的效应。

对于监管层来说，鼓励分红不如监管不分红，监管不分红不如惩罚恶意欺诈。如果我们任由四川长虹这样的事件屡屡发生，又如何让股民们建立起对绩优股的信心呢？

这一年的股市从年初红火到了年底。到了12月，出现了戏剧性的一幕——创出1258点的高度之后，股指忽然间掉头向下。原因是《人民日报》发表社论，要求大家防范风险，并且宣布，要重新建立涨跌停板的限制。[①] 股市因此出现了连续两个跌停板——这不是某只股票的跌停板，而是整个股市的跌停板！仅仅两三天时间，很多股民的盈利一下子没了。圣诞节那天，股指跌到阶段性的低点（855点）。30%的下跌是在1周内完成的，接下来又会怎么演变呢？我不知道。

实际上，早年炒股的人都会有这样的感觉：我们博弈的对象是政府。政府是有一个心理底线的，低于或者高于这条线，就会强调“太高了”或者“太低了”。这样一次次的教育，会慢慢培养出一批两眼盯着政府的股民。这也是理性选择的结果。

政府时不时修改规则，人们只能猜测政府下一步要做什么。这样的股市初级阶段，不是在培养投资者的正确投资心态，反而是为以后的股

① 《人民日报》特约评论员．正确认识当前股票市场［N］．人民日报，1996-12-16.

民建立了一个很不好的信条。

有时候，股民们太听话，对政府来说是一种很难承受的重压。因为股市里有一种从众心态，会使得股市波动剧烈。只有当大家学会不从众，敢于逆潮流而动，才会使得波动减小。所以，某种程度上的“不听话”，有助于建立一个相对稳定的股市。大家都要等别人出来说话之后才敢行动，就会导致跌的时候跌过头，涨的时候涨过头。建立涨跌停板，并不会消弭这种波动于无形，后面的历史一再证明了这一点。

1997

伟人长辞

（最高点 1510，最低点 870）

1997年伊始，股市就按照一个固定的速率上升。所以，现在打开k线图去看那段时间的k线，可以看到一条笔直上升的斜线，大约呈45度角。这么匀速的运动出现在股市上，也算是这20多年光景中的一绝吧？当时的股评家说出了一句以后再也没有人敢说的话："轧空证监会。"

不是想用涨跌停板来限制涨幅吗？从1996年12月26日实行涨跌停板开始，股市就从最初的855点稳步上涨。这一涨，就一直涨到了"五一"劳动节之后，达到最高点1510点，远远超出了当初《人民日报》认为有风险的1258点。[①] 从这一点来看，市场自有它内在的规律，不是改变一下规则，就能够改变它的运行势头的。

当时我买了什么呢？我记得我怀着两种心态，均属典型的牛市心态。

第一，当时炒股的氛围是"风水轮流转，明年到我家"。不知道为什么，我当时买了世纪星源，后来该股被退市了。买入之后它就是不涨，眼看别的股票一个个涨停，但就是没有轮到它。但是抱着"总会轮到我"的心态，我就这么气定神闲地等着。这真的不是因为我雅量高致，而是当时的氛围就是这样，每只股票都来表现那么一段。印象中，我去广州开广交会，忙了几天后抽空打开电视一看，哇，它涨停板了。3天3个涨停板，我赶紧卖出！

当然从整个股市来看，这只股票并不是最好的。因为那时候股评家

---

① 1996年12月，上证指数创出1258点的高度。12月16日，《人民日报》发表题为《正确认识当前股票市场》的文章，指出"最近一个时期的暴涨是不正常和非理性的"。

推崇的一句话是："全国人民炒发展。"我买入深发展的时候，它已经16元了，但是最后又涨到3倍多，到了48元我才卖掉。

第二种牛市心态就是，买入牛股就要捂住。"四川长虹"和"深发展"这两只绩优股，算是引领了当时的一段牛市。从那时起，中国股民才听到了、也相信了"绩优股"一说。但是事实上，这些绩优股最后仍然没有分红。当然，这是后话。从当时来看，这两只个股的业绩那么好，所以大家都认为，即便从分红的角度看也是值得买入的。

要说1997年这一年，除了牛市情结，令人印象深刻的就是2月18日至21日那4天了。这期间发生的故事，现在大家都知道了，但是也许都淡忘了，回忆起来甚至有点奇怪，为什么股市在短短4天内会这么跌宕起伏？当时真的是惊心动魄！我印象很深的是，那时候我刚刚配了一个BP机，这样出差在外，公司也能找得到我。我配BP机的另一个大用途就是在出差的时候，让同事帮我关注股市。当时广播里每个整点都会播一下点位，大家想交易的话，可以通过电话，这总算比前几年非得跑营业部方便了一大截。也正因为科技的进步，让我的脑海里增加了对这4天惊心动魄的记忆。

2月18日，我正在外地出差，大约中午时，BP机突然响了起来。我一看号码，知道是同事有急事呼我。回电话过去，他在那头气喘吁吁地说："股市大跌，你知道吗？不明原因！"我对导致股市大跌的原因一无所知，但是过去4年的经历告诉我，既然是原因不明的大跌，就该买几把。于是我在下午收盘前好不容易打电话全仓杀入。第二天一早，股票跳空高开，而这时我的BP机再次响起。下午收盘时分，我看看盈利不少，就及时抛出锁定了盈利。

出乎意料的是，第三天一早，股市居然再次大幅低开。这时候我已经兴奋得不知所以，连忙再次杀入，然后急急忙忙坐车往杭州赶，想看看到底出了什么事情。等晚上回到家，我才知道这几天的股市经历了伟人与世长辞的变故。18日是小道消息传来导致股市大跌，接着19日辟谣说没有这回事，于是股市大幅反弹；20日再次确认老人家的的确确走了，于是股市再次大幅低开。但是“国家队”出手护盘，也说明政府认为风雨飘摇之际，股市只有红盘才能稳定民心。这样的思路，总算让我这个不知就里的年轻人没有被洗出局。

回过头来想想真的是很后怕，但是在那个信息还不是很发达的年代，我觉得还是做出了非常准确的选择——抓住任何不理性的大幅波动机会来扩大收益。但是，这样的策略随着岁月的流逝和资金的增长，越来越被我抛弃了。

记得就在那段时间，一种“不要把鸡蛋放在一个篮子里”的思想慢慢进入我的脑海，我越来越觉得，短线全仓杀进杀出好像不太符合我的真正性格。简单地说，我后怕了。

股市如果是经济的晴雨表，那么它应该提前反映经济的涨落。如果是政治的晴雨表呢？那么就应该提前反映政治事件。2月之后，股市一路直线上扬，大家都以为它会在“七一”香港回归的时候到达最高点，结果“五一”刚过，指数就一头栽了下来。对这个宏观背景，我已经迷迷糊糊了，依稀记得在50元和60元左右分别抛掉“发展”和“长虹”之后，我空仓了不长的一段时间，然后又在大约40元和50元再次买入这两只股票，为的是再确认一下它们是不是到顶了——结果当然是“是”。于是，我在吐出去百分之十几之后，真正空仓了。

从我真正开始炒股到这个时候，其实一直在不断增仓，因为我是从那个时候开始工作的。这是时代造就的投资策略，并不是我个人的成就。要说个人的作用，那就是经济学的一点点熏陶，让我比一般人早一点认识到了什么是股票。有这样认识的好处，是我敢于入市，有这样认识的不好之处，是我自认为懂的理论很多，其实往往是一知半解，结果操作得并不是很好。不过直到今天，我仍然认为，经济学中有关股票的理论放在今天仍然适用，只不过我们没有很好地理解罢了。

一旦牛市到来，就会有人到处说自己是如何如何英明，如何如何会赚钱，但是熊市一来，这些人就销声匿迹了。赚钱不是因为他们英明，而是因为他们身处在这样一个时代，从概率上讲，就应该有几个“股神”出现。只有当一个人经历过牛、熊两市之后还能证明自己的能力，才是真正的厉害，但也就是厉害而已，算不上是神。因为你永远不知道，你在下一波熊市中会不会犯错。一旦犯错，你就会把全部的成果吐出去。我就是一个普通人，不是神，所以我逃不掉熊市。

我常常发现：其实我差一点就逃过，但是往往抛出不久就又买回了。这样，我也许躲过了刚开始下跌的几周或几个月，但是后面绵绵不断的几年，我还是躲不过去。1997 年 5 月之后，股市就一波比一波剧烈地往下跌。这样的下跌，让人慢慢感到失望，并由失望慢慢变得绝望。

1998

结缘《证券时报》

（最高点 1422，最低点 1043）

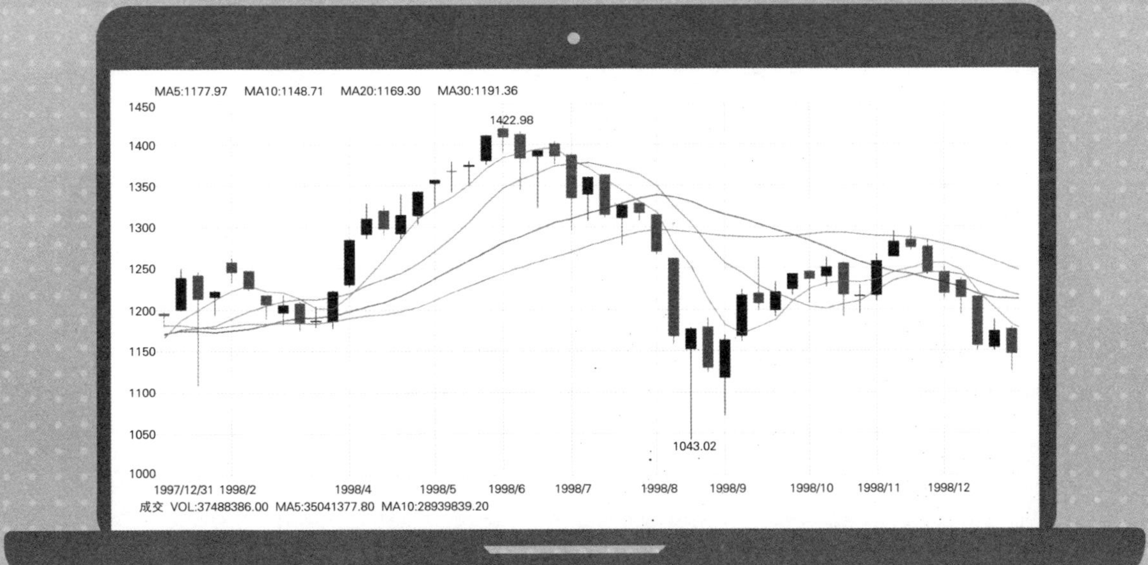

有经济学家的研究表明，经济低谷时期，出生率会上升。为什么呢？因为找不到好的工作机会，抚养孩子的机会成本就减少了。被解雇或者找不到工作，成了养一个孩子的最好机会，不然要放弃大把的赚钱机会去照顾孩子，你是不是还有点不愿意呢？

1998年，亚洲金融危机开始，我的孩子也出生了。公司的生意急剧减少，我一整年基本上无所事事。看着孩子刚刚出生时皱皱巴巴的小脸慢慢变得圆润可爱，我的生活重心也倾斜了，每天去证券公司看股票，然后回家看儿子，这几乎就是我生活的全部内容。儿子在我的注视中慢慢长大，1998年上半年的股票也在我的注视中慢慢上涨。就像公鸡以为自己叫醒了太阳，我也以为是自己的努力让我在股市中不断赚钱。但是现在回想起来，我对那时候到底买了一些什么股票，几乎没有深刻的印象。

人的记忆是有选择的。我们习惯于记住开心的事情，而下意识地遗忘不希望看到的事情。所以我现在的脑海里留不下深刻的印象这件事本身就说明，我那会儿一定很不开心。指数上涨而我赚不到钱，这是一个典型的反弹市。在反弹市里，大家对经济不抱有乐观的心态。业绩不好，不知道拿什么去号召散户们买股票，就只能用所谓的赚钱效应。也就是说，主力资金讲个故事——也许它本身就是个天方夜谭，但是由于主力用大量资金拉抬股价，大家一边听故事，一边看着股价上涨，慢慢地，“皇帝的新装”就出现了。没有人愿意离群索居，去质疑大多数人，于是大家互相推荐这只股票，慢慢地，散户入场，等到原先拉抬股价的主力庄家看到散户买得足够多了，就开始派发。这样，就完成了一个轮回。

整个1998年其实就是这样一个行情。上半年上升，下半年下跌。

我记得那时候，电脑已经开始慢慢普及到证券公司。我申请到了一个中户室，也就是一个大厅里隔出一个个格子间，每个人都有一台独立使用的电脑。行情一好，大家就各自忙活，一旦空下来，便拖出椅子来一起打牌、吃盒饭、交流看法，很是热闹。一来二去，大家也都成了好朋友。

其中有一个胖子因为特立独行，让我记忆深刻。1998年是在1996年和1997年的大牛市之后，所以很多人和我一样，不相信自己赚不了钱，还在杀进杀出，博取短差。但是这个胖子却一直不炒二级市场，天天认购新股。因为认购新股并不需要动脑子看行情，所以每天他来证券公司也就是凑热闹，这里看看，那里玩玩，整个大厅里数他的声音最响亮、心态最闲适。到了年终，我一看，知道自己的业绩一定比不上他。因为他的业绩是明明白白的，我的业绩则羞于见人。这在当时让我百思不得其解——场外市场的无风险利率那么高，为什么还有那么多的人愿意在场内炒股呢？从短期来看，这是市场无效率的证明。① 从长期来看，这是会被市场慢慢纠正的，事实也正是这样。但是，是什么阻碍了市场效率的发挥，到现在我也没有完全想通。

行情不好，别人打牌消遣，我就开始写文章。当时深圳《证券时报》有一个栏目叫“散户厅”，《中国证券报》有一个“股市茶座”栏目，都是让小股民发表散文和杂文的地方。当时的媒体还没有网络参与，报纸还是股民们获取信息的一个重要手段，所以证券公司门口卖报纸的着实赚了一大笔钱。但是，这么重要的媒体还能够留出一小块地方来发表一些和赚钱关系不大的文章，应该说，当

① 经济学有一个有效市场的概念，大致意思是说，市场里的各种信息都会反映在股票价格上。因此，股价已经反映了全部或者大部分的信息，不会再给你“捡漏”的机会。与此相对，如果我们发现这个市场内有很多“捡漏”的机会，就是市场无效率的体现。

时的编辑还是颇有人文情怀的。我非常感谢《证券时报》的编辑，是他们的宽容和耐心，使得我常常有机会在那里发表一些“豆腐干”。我写的并不是股评，而是对炒股心得的总结。写得多了，编辑还来约稿。记得我的第一篇文章就是模仿钱钟书的《写在股市边上》，不长，全文如下：

钱钟书有一本小册子，叫作《写在人生边上》，写得精妙无比。其中一篇论快乐的文章开篇就说，所谓快乐的事情，一定是“快”的，想来真是点睛之语。试想，人生中哪一件快乐的事情不是稍纵即逝的呢？股市是人生的缩影，就像深圳的世界之窗，小小三尺地，尽容天下景。股市上天天有刺激人心、让人兴奋的消息和机会。常常有人鼓吹忽略大势，精研个股。意思是讲，不论大势涨涨跌跌，每天总有在涨的个股，那么我们如果精研个股，纵使大盘跌了，我们还是能盈利甚至发财的。这样讲起来，快乐的事天天有，若我们能抓住每一件快乐的事情，那么我们会不会就天天快乐、时时快乐，乃至分分秒秒都快乐，把快乐变成“慢乐”了呢？

这真是一个美好的建议，而且正确无比。让我们看看这个建议的结果吧：如果我们每两天精研到一只涨停的股票，一年大约 250 个交易日，我们能买进 125 个涨停板，那么你年初投入的 1 万元到年底就是 15 亿元了。这可是连“股神”都羡慕的业绩啊！如果做一个调查，恐怕无人能有这等能力吧？那么为什么总有人在那里预测某某股有庄介入，明后天就会“启动”“进入主升浪”“不久将翻番”等等呢？这些耀眼夺目的灿烂词汇规划了一幅幅美妙的前景，让不明就里也难明就里的人们奋不顾身，这中间有多少人最终能尝得到这海市蜃楼的“慢乐”呢？上述让人成就 15 亿巨富的可能性仅仅是 10^{-363} 左右，这在概率论上只能叫作“零”概率。

我不禁想，倘若我们把精力都投入到这种个股精研上去，假若我们每天仔细分析图表就是为了“与庄共舞”的话，那么这个股市又与赌场何异呢？有人曾问：股市有没有可能让大多数人赚钱？我想倘若股市如赌场，那么这个可能性就是不存在的。因为赌博是“零和博弈”，加上赌场老板要“抽头”，因此参与赌博的人在总量上是只输不赢的。那么股市呢？我想股市应该是能够让大多数人赚钱的，或者说让大多数“股”赚钱的。否则的话，股市就没有存在的基础。那么这种可能性是如何实现的呢？我想，最简单也仅此一条的原因是，股市是依赖于经济发展水平的，而只要体制健全，我们的经济总是在不断地发展、前进，因此总在给股市源源不断地提供收益。这种收益才是让大多数“股”赚钱的基础。

所以，想要在股市中获取收益，必须面对一个“正常利润”① 观念。现在很多人都感到，在股市上“贪”的人是赚不到钱的，可还是有那么多人认为经过长期投资后获得20%左右的年收益率太低了。可见目前，大多数人对“正常利润”的期待过高了。想想看，目前全国各个行业的投资收益率是多少？我们投入房产的回报能有多少？进行实业投资的收益率如果低于证券投资，又还有什么人会去投资实业？没有人投资实业了，那么证券行业的回报又从何而来？所以我看克服“贪”字不是一句空话，而是需要更加清醒地面对现实。

投资股市，正如投入人生。都有一点不由自主，身不由己。中国人做学问讲究先做好人，我想，欲做好股票同样需要先做好人。股市仿佛一面镜子，使得我们的弱点一览无余。我们有没有勇气去承认镜子里面的“我”，继而完善自我？我们股友们不妨在炒股之余，多多品味一下股市边上的生活吧！

---

① 经济学上的利润概念和一般人印象中的有点不一样。一般人认为，收入大于成本就是利润，会计也是这样计算的。但是经济学认为，某项资源（如你用于投资的钱）能够在大多数项目上获得的平均利润水平是一个“正常利润”，这不算什么真正的利润，真正的利润叫作“经济利润”，是高于平均水平的利润，那才是体现你管理能力的指标。一般人其实很难获得“经济利润”，所以在股票投资中，需要有“正常利润”观念，知道自己获得的利润水平大概率不会超出正常利润很多。而无风险利率，如国库券利率、定期存款利率，都是衡量投资市场正常利润的指标之一。

很多时候，人类认识的进步是很缓慢的。现在回过头去看看当时，觉得好像就发生在眼前。20 年之后，我们期待的进步并没有出现，尽管我们积累的物质财富从数量上看已经增长了好多倍。

1999

学会打新股

（最高点 1756，最低点 1047）

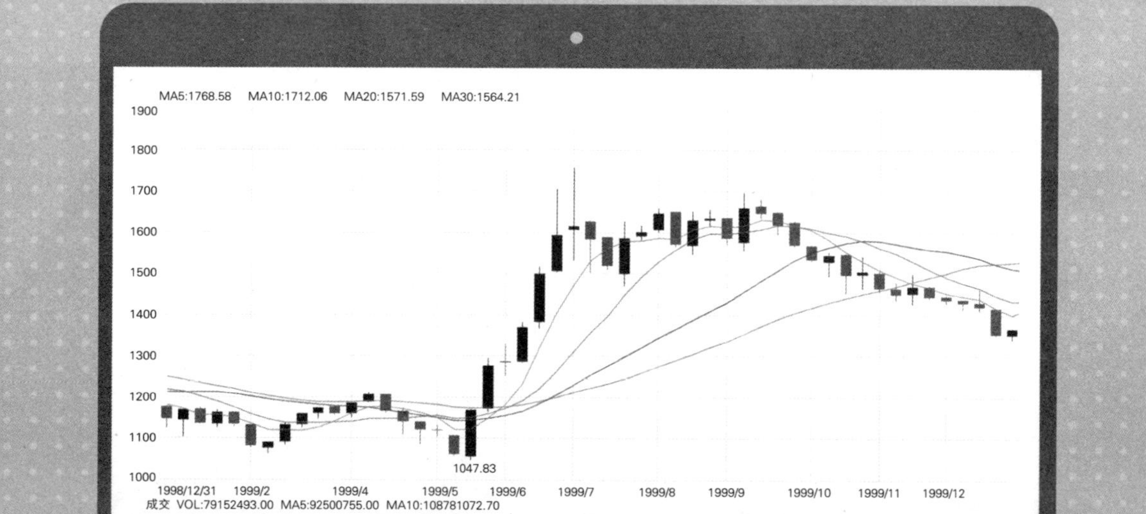

1999 年开年，股市继续着 1998 年的下降通道。亚洲金融危机带来的业务萧条加上股市的温水煮青蛙，快要把我折磨得疯掉了。我不禁问自己：难道我就这么一直浑浑噩噩地混下去吗？也许再过几年，业务会好转，股市也会好转，但是我这样赚钱的终极目标是什么？为了让钱生钱？好像过去的几年里，我都在不停地把赚到的钱投入股市。涨上去了，我希望涨得更高；跌下来了，我希望回本再走；就算走了，我又会耐不住寂寞重新杀回来。由于资金量小，我对 1994—1995 年的熊市记忆并不深刻。印象中一到 1996 年的牛市，一切亏损就都扳回来了。但 1997 年之后的这两年，虽然股市一如既往地盘整和下跌，但是我却感到了疑惑。1998 年写的一系列文章，在当时算是为我自己做了一个小小的总结。终于，我做了人生中一个重要的决定：出国。彻底离开一段时间，看看自己究竟应该如何生活。出国，可以抛下这些纠缠不清的业务，也可以离开这个爱恨交织的股市。我唯一舍不得的是我的妻儿，但是我当时太害怕会就此沉沦。离开的力量是那么强大，终于让我还有我的家人，一起做出了这个艰难的决定。

决心下了，但并不是说走就可以走。我需要重新捡起课本，复习、考试。这样，我又回归到简单的生活中。5 年了，我忽然间又回到了起点，面对的挑战仍然很多。书本不是召之即来、挥之即去的服务员——我捡起它来，我认得它，但它并不认识我。

不仅如此，周边还充满了各种各样的诱惑。什么诱惑？1999 年 5 月 19 日就是一个巨大诱惑开始的日子。

自 1997 年 5 月下跌以来，股市基本上盘整了 2 年。其间虽然回到过1400点的高位，但是在1998年5月中旬再次跌到1000点附近。如果做个历史的比较，1992—1999年7年间，股指并没有什么上涨，但是GDP上涨到了原来水平的3倍（当然是名义GDP①，因为股指也是名义的），这似乎证明了中国股市并不反映经济基本面。不过我虽然也觉得股市不分红导致它不能反映真实经济，但是单纯这样对比，是不能推导出这个结论的。因为你不能把上一个顶峰的股指拿来和今天的谷底做比较，如果真的要做历史对比，应该拿上一个顶峰和这次的顶峰比，拿上一次的谷底和这次的谷底比。如果上一次的低点是1994年7月的333点，那么和1997年5月的1047点相比，也是大约3倍。当然，这一次的顶峰相对而言没有那么明显上升。但无论如何，如果你今天打开月k线图，仍然会发现一个长期的上升通道，这和经济面的上升是一致的。当然，从上升的幅度来说，股市是落后于经济面的。为什么会落后？或许就是分红太少的缘故。

这样的历史比较给了我一个很直接的暗示：这是一个谷底的到来。我认识到这一点和我没有认识到这一点，其实并没有很大的区别。因为我虽然下定了出国的决心，但是身在其中不由自主——我还是在不停地买入股票。在1047点真正到来的数月前，我就已经接近满仓了。所以我奉行“鸵鸟政策”，跑去学校读书，为出国做准备，“两耳不闻股票事”。1999年5月19日，股市再次大涨。随后一个半月内上涨超过70%，达到历史新高——1756点。

事后看起来，我们总是能够总结出很多促使这样的行情到来的有利条件，但是身处其中时你能不能感受到，却是另外一回事。对我来说，

① 有关国民经济的统计指标，大家都知道是GDP（国内生产总值）。它衡量的是一个国家在一定时间内（如一年）全部的产出（包括实物和服务）。如果我们用当期的价格算出这些产出的市场价值，就是名义GDP。名义GDP可能受到通货膨胀的影响，所以大部分时候，我们考虑的是实际GDP，也就是在名义GDP基础上扣除了通货膨胀的影响。不过在这里，我们讨论的是GDP和股票价格之间的联系，因为股票价格就是名义价格，并不需要扣除通货膨胀，所以我说，这里只需要考虑名义GDP，不需要扣除通货膨胀。如果读者对这一点还有疑虑，建议系统地学习一下宏观经济学，推荐拙作《宏观经济看得懂》，帮助你厘清这些基本内容。

1999年公司的业务基本已经停了，我能够感受到东南亚金融危机带来的丝丝寒意，而全国的经济形势也处在“保八”的岌岌可危之中。

其实，国家从1998年就开始了“扩大内需”的战略。从产业政策来看，“开发大西北”就肇始于那个时候。问题是，这些政策的效果乏善可陈。西北还是穷，现在一下子富裕起来的内蒙古、新疆也不是当初开发的效果，而是最近几年煤炭、石油、棉花等原材料价格猛涨带动起来的。所以有时候，你不得不佩服市场这只无形的手，它的力量就像太极，看上去无形，实际效果却很大。

回到1999年，央行已经7次降息。按说降息对股市是有直接利好影响的，但是你也可以理解为经济面不好才要降息，所以市场依旧被悲观情绪笼罩。银行纷纷“惜贷”，我记得当时还为此写了一篇文章，劝散户朋友也“惜买”。各种产业政策、财政政策出台要“保八”，你可以理解成因为达不到了才要保。境外的股市纷纷上涨，如中国香港股市从1997年的8000多点翻了差不多一番，到了14000多点。美国股市沉浸在网络科技的泡沫中，盛宴还没有散去。但是，你也可以说中外股市没有联动机制，我们跟跌不跟涨。总之，事后看来的一切利好因素，在熊市中都可以做相反的理解。所以，股市里永远没有预言家，只有“事后诸葛亮”。

问题是，“事后诸葛亮”赚不到钱，钱必须有事前的预见才能赚到。

所以我觉得，从股市投资的角度来说，认清中国经济的长期走势，远比判断下个季度的货币政策要有用得多。翻开宏观经济学教科书的第一章，第一幅图画就告诉我们美国130年来的GDP是如何稳定成长的。大萧条在这样的历史长河中，也不过是一点小浪花。所以，如果我们能够认清中国改革开放建立市场经济的长期增长路线图，那么出现低于长期增长的时期，就是你买入的机会。分红分得少，只不过是让我们面对的这张图上的曲线低于本来应该陡峭上升的曲线罢了。

1999年5月19日，行情突然来到。我觉得这次上涨是有划时代意义的，因为它没有出现政府吹冲锋号而集体冲锋的现象了。政府等到大家都冲锋了，才敲响了助威的鼓。《人民日报》在6月发表社论，说这是“恢复性上涨”，看来政府还是觉得不说几句话不放心，生怕不成熟的中国股民冲着冲着突然停下来，所以高瞻远瞩地说：别停，至少要突破历史高点。因为这是“恢复”嘛！

现在想想，当时炒股也挺简单的。我就那么懵懵懂懂地一直捂着，直到6月25日股市放出天量——我记得是800多亿元人民币。我当天上午开始卖出，差不多全部空仓之后，下午就跳水了。那天回家我很兴奋，因为1年来的阴霾1个月左右就一扫而空了。但是之后2天股市再度上涨，把那天的高点踩到了脚下。我憋不住，又翻身回去，到7月1日大跌才狠狠地出局。好像每次都是这样，明明已经判断了是头部，但市场就是能忽悠你再进去，让你吐一点出来。事后看看，天量出天价嘛！

这一个月，我又赚了一笔。但是这笔钱对我来说未必就是好事，因为它产生了一个诱惑，让我犹豫是不是真的要放弃这一波行情出国。过去1年来，我已经慢慢地找到学校和学习的感觉，也慢慢远离了商海和股市。但是就在我顺利通过考试，即将出国的时候，上天又一次来眷顾我。这个诱惑让我一下子感到迷茫了。

这时候，我想起了中户室那位胖胖的新股专业户。我突然想到，为什么我不能让家人做这个机械的工作，赚取不菲的无风险收益，而我照样出国呢？我一下子豁然开朗，找了一批亲戚的身份证开了一批新账户，告诉家人如何申购新股，并且约定，每只新股上市第一天的下午一定要卖出，不管价格多少。然后，我就一个人背起行囊，远走他乡了。

2000

波恩慢生活

（最高点 2125，最低点 1361）

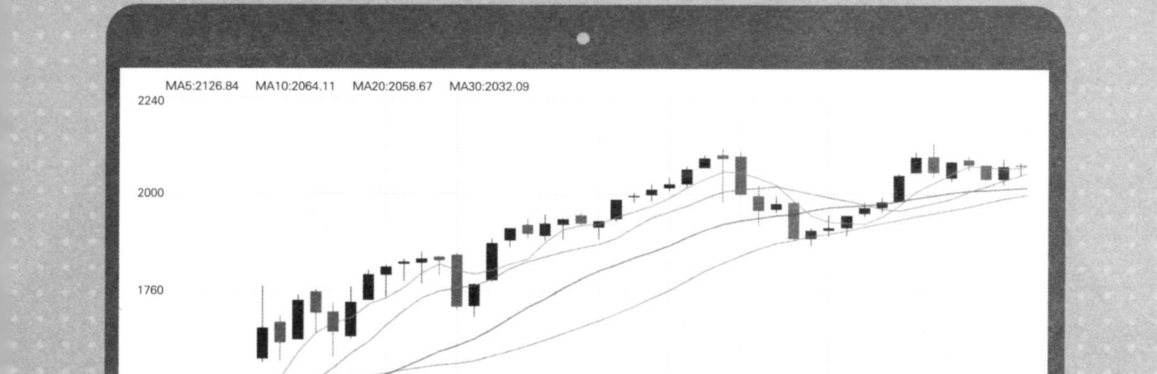

自从 1999 年下半年来到这个陌生的国度，我仿佛一下子从喧嚣的闹市走进了寂静的山林。由于时差的关系，每天我起床的时候，国内的股市已经差不多收盘。所以虽然能上网，我却不得不远离了中国的股市。

我住的地方叫波恩。如今很多年轻人应该已经不知道它了。第二次世界大战后，这里曾经是“西德”的首都，也就是当时世界第三经济强国的首都。但是你既看不到高大雄伟的政府大楼，也找不到宽广无边的广场或者纪念碑。在波恩老城中心，最雄伟的建筑是有几百年历史的波恩大学主楼，楼高 3 层。这里曾经是波恩选帝侯的宫殿，后来帝制结束，宫殿被用来办学，成就了波恩大学的辉煌。宫殿不远处是一个小小的市政厅和广场。这个广场与其叫广场，还不如叫菜市场，我们学生最喜欢在这个集市上淘一点便宜货。广场是石头铺地，我常常在下雨时节坐在街边一角，静静地听雨滴石面，滴答作响。那时候听雨声，能够让我怀念故乡江南，怀念抬头仰望屋檐，雨水从瓦片间滑落的情景。如今回到故乡，却遍地难寻这样的旧屋。所以，我的记忆中时常浮现的，反倒是波恩的石头街面。

在老城那巴掌大的地方散步，不出 10 分钟，你就会举步出城。所以，德国的小镇真的是很小的，不像中国的乡镇，说是个“小”镇，但是到哪里你都没法靠“11 路”。当然，随着现代社会的发展，波恩的新城区也扩张了不少。

波恩的新城区大部分是因为“二战”后政府定都这里而新建的。这一类建筑很容易辨认，因为相对于历史建筑，它们往往显得非常简朴。这种方方正正的房子很容易被人误解为是中国的简易房。出国之前，我家就住在这样的简易建筑里。中国有段时间到处兴建这样的简易房，因为成本低，可以快速满足老百姓的居住之需。但是它们从建成的那一刻起，就被当作临时措施，所以过不了多久便逃不掉被拆的命运。

但是德国人不一样，哪怕造一个临时首都（波恩作为首都，从一开始就被认为是临时之举，事实上也确实只临时存在了 50 年），他们也会用上永垂史册的认真劲儿。所以，无论这样的房子看上去如何不起眼，用 100 年是没问题的。从这一点上你就可以理解为什么中国人的 GDP 很高，但是人均收入却很低。因为 GDP 只是衡量了我们生产出来的东西，而收入却还要在这个基础上扣减掉我们破坏的东西。我们辛苦工作，建造了一幢 3 层楼的房子，那么 GDP 的账本上就可以增加一幢 3 层楼房。但是我们如果为了建造它拆掉了一幢 2 层楼的房子，那么算算看，这辛苦工作的收入才多少呢？只有 1 层楼！我们不停地拆拆建建，看起来 GDP 很了不起，事实上也很忙很累，但是却远不如德国人来得悠闲自在。德国人很少破坏自己的劳动成果，所以他们可以用发达国家中最短的劳动时间，创造第三强国的世界地位！

波恩的地理位置对于中国人来说比较有趣，因为在它的南面 150 千米处，有一座小城叫特里尔（Trier），是马克思的故乡；在它的北面 80 千米处，有另外一座小城叫伍柏塔尔（Wuppertal），是恩格斯的故乡。两个共产主义者都出生在这一小片土地上，其思想又对近代中国人的生活产生了如此重大的影响，不能不让人感到好奇。我到波恩后不久，就去拜访了这两个地方。

伍柏塔尔是一个工业城市，位于大名鼎鼎的鲁尔工业区边缘地带。它现在很出名，或许是因为有一条全德国独一无二的悬挂式轨道交通。这是因为它的城市格局是沿着一条山坳中的小河展开的，所以就城市交通来说，这条河是最好的交通线。但是德国人又不希望把河道填平来修路，故而想出在河上架一个悬梁，把地铁颠倒过来、挂在悬梁上运行的好主意。现在，国内很多城市也遇到了道路无法拓展的问题，有一些开始做同样的考虑。

我们到伍柏塔尔后到处找恩格斯的故居，但是很奇怪，当地人并不知道这么一个大名人曾住在那里。好不容易找到那幢小房子，进去一看，布置得还不错，有一个小小的博物馆，陈列了一些恩格斯家族企业当年用过的机器设备。博物馆的工作人员显然没想到，这样一个大雪天还会跑来 5 个中国学生参观，心情十分激动。他执意要开动这 100 多前的机器，让我们体验一下当初伍柏塔尔工厂的工作场景。他启动的那一瞬间，小小的 10 来平方米的房间里声音顿时大得震耳欲聋，我们都不堪忍受，请他立刻关了马达。同学们都对这么恶劣的工作条件感到惊诧不已，更对解说员介绍的“当时这个地区的成年男人 80%失去至少一个手指”气愤不堪。我们仿佛一下子理解了，为什么共产主义会在这个地方产生，特别是我自己。因为在出国之前，我对私营企业的工作条件已经略有了解，这样的机器轰鸣声，我早就亲身体验过，这样的工伤故事，我也早就听说过。所以，我理解一般社会底层对富人的仇视，这并不是中国特色。

说到特里尔，德国人都知道。因为它是德国最古老的市镇之一，已有 2000 年的历史。公元前 16 年，罗马皇帝奥古斯都将这里建成后方重镇，这一年就是特里尔的开始。

不过对中国人来说，最值得一提的是，特里尔是卡尔·马克思的故乡。1818 年 5 月 5 日，马克思就诞生在这座千年古城里。到巷子里找马克思故居纪念馆最容易，因为在路口，你就能看到一群一群的中国人。进门翻开纪念馆的留言簿，一水儿的中文。看到中国人成群结队地来拜访马克思，德国人很容易推理出这样一个结论：多么坚定地信仰共产主义的国家和人民啊！而自费来参观的中国人——就像我，更多的是出于一种好奇心就像钱钟书说的，我们都想看看产下早餐鸡蛋的老母鸡是什么样。

生活就这样回到了“宿舍—教室—食堂”三点一线的状态。坐在课堂里，周围都是小我 10 岁的年轻人，20 出头的年纪，朝气蓬勃又不知道天高地厚。无论是从年龄上看还是从文化差异上讲，他们对我来说都是新鲜的。和他们在一起，每天开开心心地读书、玩耍、聚会，在醉人的蓝天下猛吸新鲜空气，在和煦的阳光下嘬一口香浓的咖啡，在大片大片的绿色草地上烧烤，在白雪覆盖的时候从山顶上滑雪，这些都能够给我带来从没有体会过的闲适与快乐。而且，这些都不用花钱，或者说花不了几个钱。

他们也有理想。但是听上去有点渺小。一个胖胖的塞尔维亚女孩告诉我，她找了 4 份工，每天忙得团团转，为的是赚了钱寒假可以去柬埔寨度一个美美的假期；一个壮壮的俄罗斯男孩总是在写他的数学毕业论文，他说他害怕毕业，希望在学校里多待几年，继续学一点自己喜欢的东西，如中文；对门的德国和美国混血忽然从物理系转到了经济系，想快点毕业，因为他找到了女朋友，要为了和她结婚而快点毕业。每个人的生活都很简单，但是都很快乐。

不是说他们没有烦恼，地球人都有烦恼，但他们的烦恼也是简单的。电视里全是负面新闻，哪里出了交通事故，哪里有抗议示威，哪里的孩子失踪了，哪里的养老院缺少资金买设备。国家领导人总是不能让老百姓满意：他希望增加就业机会，工人们就怪他压低了工资；他去增加社会福利，老板们就说这样要增加税收，会影响经济的增长。经济增长似乎已经停滞了 10 年，但他们还是那么自信地、慢慢地修缮着自己的制度。就像我们宿舍门前的轻轨立交桥，修了快七八年了，但到我离开也没有完工。

但是在这种“慢慢”的氛围中，我看到了一种过去忙碌的我从来没有注意到的生活方式。我忽然知道，原来简单的生活才是美好的，美好的生活并不需要很多钱。我们把钱投到股市里去不停地增值，却忘记了最终只有从股市里把钱抽出来，变成新鲜的空气、美丽的天空和纯净的湖水，才能让我们更加快乐。

这样的认识不是一天形成的，我在那里的生活才刚刚开始。

2000 年的第一天起，中国的股市就开始了第二波上涨。我差一点耐不住寂寞，重新跳了进去。那天我打电话回国，嘱咐家里人第二天开盘买入中信国安。这是一只科技股，很契合当时的炒股氛围。1999 年我离开的整个下半年，股市一直在调整，差不多到了原来的 2/3 的位置。我觉得差不多了，不应该就这么结束。打完电话后，晚上我就睡不着了。在国内我也常常失眠，每次业务有困难，或者股票上要做重要决定的时候，我总是会失眠。来这里 4 个多月，我又一次失眠了。

我忽然想：为什么要出国呢？我不就是希望离开那种整天计算着钱的生活吗？如果我现在还要通过电话去遥控国内股市的操作，那么我出国的意义又何在呢？第二天凌晨我就起来了，打电话回家说买入的计划罢了吧，我们还是按照原来说好的，什么脑筋也不动，就买新股。

没过几天，股市再次暴涨，中信国安好像涨了四五倍。2000 年一整年，股市都热火朝天，指数历史性地突破了 2000 点。这在当时就像后来的 6000 点一样，高得像是珠穆朗玛峰。举国欢腾，连万里之外的德国电视新闻也报道了。

看到这种行情，要说我一点都没有后悔，那是假的。但是打电话回家和太太说起这个决定时，我们都没有埋怨。我们甚至觉得，如果能够重来一次，我们还是会这样决定，因为这在逻辑上没有错！

事后看起来，这一波行情更像是对美国互联网泡沫行情的回应。因为整个 20 世纪 90 年代，美国的经济好得不得了，互联网股票的价格脱离了基本面，不停地上涨。不少人认为传统的股票价值规律已经不起作用了，什么“市盈率”之类的概念，都应该被扔到垃圾桶里去，取而代之的是“市梦率”——只要有梦想，什么都可以实现。从宏观来看，美国的经济也不错。在总统克林顿的治理下，美国居然出现了少有的财政盈余。这使得大家认为，只要再延续几年，美国那几万亿美元的国债就会烟消云散。这样的乐观气氛在90年代末期达到了顶点。于是，1999年开始的中国股市行情也带着这样欢快的情绪，诉说着高科技的梦想。

到了2000年底，我回国探亲，算了一下总账，觉得有一点不可思议。实际上，我们“无风险”地认购新股，带来的年化收益率是50%，这差不多就是股市指数的涨幅了。所以回头想想那位胖胖的认购新股的“先驱”，我觉得他还是很值得令人敬佩的。在大家忙忙碌碌的时候，你能够淡定再淡定，才能积小成大，才能在生活中寻找到本意，在投资场上寻找到合理收益。

经过2000年一年，我的新生活真正开始了。异国的语言我已经适应，读书的感觉重新找到，我也已经习惯每天遥望一下上证股指，就像欣赏一个美女。

距离产生美，现在产生的美是对生活的美的现实体验。

2001

打工和休假

（最高点 2245，最低点 1514）

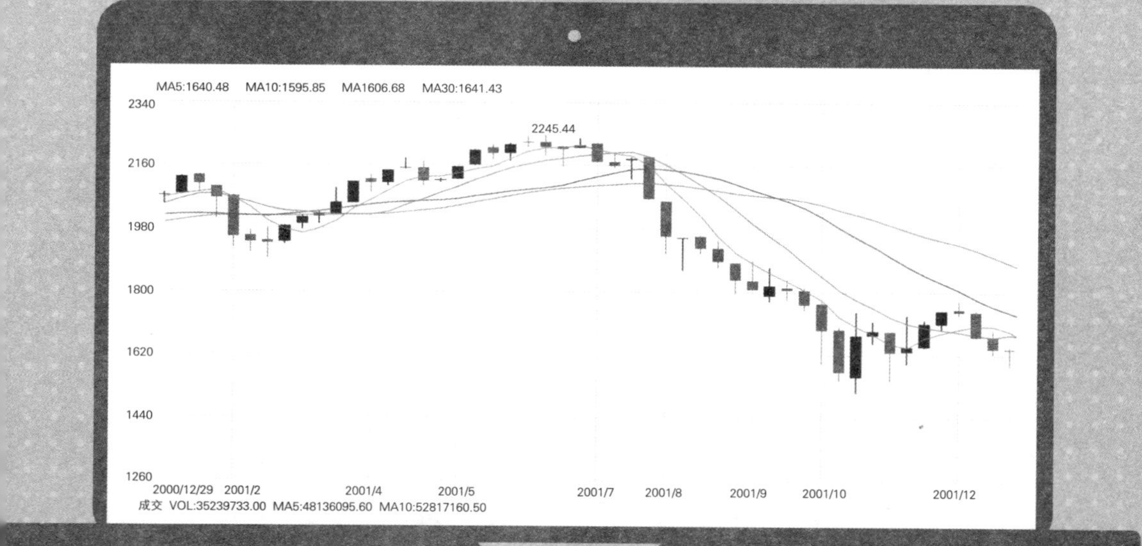

2001 年上半年，股市依旧延续着向上的行情。但是我已经分明嗅到了结束的气息。打开历年的 k 线图，可以看到原来一条直线向上走的 k 线，到了 2001 年就变成了波浪形上涨——常常会在上涨一段时间后，突然断崖式暴跌一次，然后再慢慢涨回来。我为什么能够感觉到呢？因为，我不身处其中呀。

旁观者清。远在万里之外，我就像站在牌桌边的看客，看得清清楚楚。当然，这对我来说也没什么特别的意义，因为国内股市并不能做空。我看清了，只不过坚定了我认购新股的战略决定。但这段时间，新股收益也慢慢下降了。到年底算账，我的盈利降低到了 20%，但这还是了不起的，因为它明显高过了股指的涨幅。

过了年中，盛宴散席，股指开始下跌。一开始跌得不快，和 2000 年下半年及 2001 年上半年差不多，给人一种错觉——这就是一次调整而已，到位了就会再上去。但是延续到 7 月底的 7 连阴一天比一天跌得厉害，最后一天暴跌超过 5%，这种情况在我印象里好像很久没有出现了。我往家里打电话时，家人转述了朋友的问题：这是不是一个可以买进的时点啊？对他们来说，股指似乎下跌太多了，都跌破 2000 点了！我想了想说：这不过是下跌的开始罢了。

中国早期股市投资有一个特点，就是分红回报是很低的。如果价格涨得太快，脱离了基本面，就一定会跌回来。我们的经济能够按照 15% 的速率上涨（名义 GDP），但是看不到分红的股市必然会按照小于这个速率的速度上涨。回顾我炒股的这几年，指数从 333 点起步涨到 2245 点，7 年间涨了差不多 7 倍，折合成年率就是 30%。这都超过巴菲特了，怎么可能？全国人民都变成巴菲特了吗？

我想，这回如果要调整，就是对这7年行情的调整，这种调整怎么可能几周就结束呢？底部还远远没有来到呢！如果说股市是经济的晴雨表，真的能够反映这每年15%的增长率，那么10年也就涨4倍，未来3年的目标位不就是1300点吗？

一语成谶，1300点真的就在下一年的1月出现了。但是在2001年，很多人还没有意识到这一点。由于我早就空仓认购新股了，屁股决定脑袋，我和国内朋友的认识并不一致。我对2001年印象最深的，是8月上市的新股——中国石化。认购了整整2年新股，其间一直毫无风险，无非就是赚多赚少，但是中国石化第一次让我尝到了亏损的滋味。当时我们全家都在国外，认购新股的事情便交给了老丈人。中国石化的中签率挺高，老人家还高兴地打电话报喜。我们在电话里也恭维了他几句，无非是“您手气不错啊”之类的。结果这只股票上市就跌破了发行价，割肉出局。

新股不败的神话被打破了，我一下子感到了迷茫，索性连新股也不打了。我开始慢慢地把资金转到国外，不过2001年的国际股市也结束了互联网的盛宴，并没有很好的投资机会。从2000年中旬开始，纳斯达克（NASDAQ）指数和德国DAX指数就开始下跌。科技股的神话破灭了，但是道琼斯（Dow Jones）指数还没有出现明显的下跌。

2001年9月，有一天我回家打开电视，突然看到了一幕美国灾难片似的场景：一架飞机突然掉头撞到了高楼上。我揉揉眼睛，不对啊，这是CNN（美国有线电视新闻网），不是电影频道。看到下面一行“Breaking News（突发新闻）”，我这才醒悟过来，这是真的，不是演戏！

“9·11”事件就这么打破了原来的下降通道，道琼斯指数一泻千里，德国DAX指数甚至跌到了2000年高点的一半！

2001年是幻灭的一年：股市崩盘、经济萧条、恐怖袭击……但这时候的我，好像并不恐慌，全家在巴黎街头漫步，在西班牙海边度假。我虽然还不是很清楚如何像其他人一样享受这阳光大海，但还是去尝试了，甚至还慢慢尝到了甜头。

休假是普通德国人日常生活的一部分，并非哪一个特殊阶层的奢侈品。所以，德国人出去度假，大部分会住在一个普通旅馆里，每天抱着一本书在沙滩上看。而中国人难得出去玩一次，一定要住一夜五星级酒店，一天逛七八个景点，买几个 LV 包包。不如此，就不觉得来过欧洲。这并不是因为中国人不理性，而是生活的限制使然，也是一种理性。如果有一天，中国人也能闲下来，不再为了生计奔忙，为了未来担忧，我们也会在海边发呆。

认识到休假在德国人生活中的分量，源自我的打工经历。在德国留学，德国政府允许外国学生有限度地打工以支持学业。每年的打工时间是给定的，我记得当时是一年 90 天，超出了就是打黑工。例如，去中餐馆端盘子，去给别人做钟点工之类的，工作时间并不会被记录下来，但是一旦查到，会被处以非常严厉的处罚。其实如果纯粹是为了维持生活的话，只要打一份比较正规的暑期工，一年的生活费基本就有着落了，并不需要整天去打黑工。我留学的时候差不多已是而立之年，在生活上自然没有当时一般中国留学生的局促。但是我觉得，打工是一个很好的经历，所以也就申请了暑期工。

2001 年暑假，我被位于斯图加特的阿尔卡特公司录用了，它给了我一家近距离观察德国公司的好机会。时光荏苒，许多记忆已经模糊，但是我仍然记得当时的三次震惊。

第一次被德国公司震惊的是，他们对待我这样一个学生的认真态度。大家都知道，阿尔卡特是一个电信设备公司，我不过是一个经济系学生，暑假去打工不过是打打杂而已。申请书寄出之后的某一天，我突然接到了一个电话，问我什么时候有空去面试，来回路费当然是公司报销。我有点诧异，一个暑假工，有必要面试吗？但是反正公司负担路费，我顺道还能去斯图加特玩一玩，这样的好事我自然不会推辞。等到了公司，人事部门带我去了一个将要录用我的部门（惭愧，我到现在也没有完全明白这个部门是干什么的）。部门经理出来接见了我，拿出一个厚厚的文件夹，给我介绍本部门的详细工作流程和任务。我对电信设备一无所知，家里换个电灯泡都需要别人帮忙，让我理解这些，无异于天方夜谭！我云里雾里地听了大半个小时之后，经理又问我，还需要知道什么？我讷讷地说：我什么也不懂，总之你要我干什么我就干什么好了。他笑笑，又带着我在各个办公室转，把我介绍给同事们。德国人的名字本来就不好记，我听过即忘，心里想的是，这是不是就算被录用了呢？

第二次被德国公司震惊，是我的两个月暑假工居然还有 5 天休假！学生暑假来打工，自然是不想要休假的，因为暑假本身就是学生的休假。但是我的经理一本正经地对我说：按照德国法律，正式员工一年有 30 天的法定休假日，我被录用了 2 个月的暑假短工，所以 30 除以 6，我应该得到的年休假是 5 天。不过，我当然可以放弃休假，那样的话这 5 天我能够再多得一份双倍工资。我被幸福砸晕了脑袋，一个劲地点头，这让我的经理很迷惑：这个点头是想休假呢还是放弃休假？

最后一件让我震惊的事情是，原来在这家公司上班，没有迟到的说法，公司实行的是弹性工作制。每天都有一个所谓的“核心工作时间”，是所有的员工必须在公司的，如上午 10 点到下午 3 点——具体的时间我已经忘记了。除此之外，你可以自己选择几点上班，几点下班，进来出去的时候在公司的打卡机上打一下卡就好了。例如，我常常 8 点到，下午 4 点走，那么我的工作时间就是 8 个小时，扣去中午 1 个小时的休息时间，正好 7 个小时。公司是计算一周总的工作时间的，达到 35 个小时就可以了。如果超出了呢？一开始我还没有明白，所以好几周都是下午 5 点多才离开的。

于是经理有点不好意思地找我说：最近的工作是不是太多了，还是因为新来不熟悉？有需要帮助的尽管说！

我说没什么啊，工作很简单，我已经掌握了，回家晚是为了错开下班高峰。

“哦。这样的话，你工作结束了就去打卡，然后想在办公室待到多晚就多晚。不打卡的话，公司是要为你多待的那1个小时支付双倍工资的！”——不明不白中，我又多赚了好几天的钱！

弹性工作制在德国普遍实行，这样既减少了交通拥堵，也给了员工人性化的平衡家庭和工作的调节手段。正如德国普遍实行的年休假制度一样，我想，对员工的尊重，正体现在这些细微而合理的制度设计上吧？

2002

推倒重来

（最高点 1748，最低点 1339）

1300 点并不遥远，1 月开盘，马上就实现了我的预言。那么股市会掉头向上吗？我不认同。2002 年在西方是互联网泡沫破灭和恐怖袭击之后的第一年，一切都还没有好转的迹象。德国 DAX 指数最低跌到了 2000 点，几乎是最高点的 1/4！纳斯达克指数更惨，最低差不多只有 1000 多点，最高点 5000 点就像珠穆朗玛峰一样，以后很长时间内都没有再达到。而在国内，不过是从 2200 点跌到了 1300 点，而且是一蹴而就。什么东西太快就到手了，你就要想一想是不是有问题，那么容易到手的东西不必太珍惜。

中国市场上，“海龟（海归）”的影响力在慢慢体现。

媒体曾经报道，许小年说中国的股市应该推倒重来。不管这个说法到底是许小年说的，这个论断的传播本身就像是大家的一种情绪共识。当然，这样的共识也需要时间的凝聚。一开始，“千点论”（中国股市需要跌到 1000 点才有价值）就像刚刚出炉的烧饼，香气扑鼻，但是太烫、太扎手，没有人愿意接受。再说了，推倒重来这样的话，也就是“海龟”不识大体说说罢了。怎么推倒？推倒了重来就一定能产生一个多健康的股市？经济学说，人是理性的，任何选择都是环境约束下的最优选择。那么以此类推，我们这么一个发展中国家，要发展的不仅仅是 GDP 和上证指数，还有这个 GDP 和上证指数赖以生存的制度环境。

尽管我认同许小年有关中国股市内在缺陷的判断，也很欣赏他讲话的风格，但是没有办法理解他“推倒重来”的药方。我相信未来几十年，中国股市一定能够完备起来，但我们不可能等到它完备了再去投资。原因很简单：我不一定有那么长的寿命。

投资的机会始终存在。就算是美国，股市不还有这样那样的问题吗？难道巴菲特刚开始投资的时候，美国股市就完备得不得了？那又怎么解释在此期间种种的泡沫，包括最近的（2000年）互联网泡沫呢？

中国股市的问题主要有两个：一个是上市公司没有分红的冲动。这件事的原因又有两个：一个是中国经济高速增长，盈利拿来继续扩大再生产有什么不好？这样的不分红是合理的，巴菲特的公司也不分红，微软在高速成长时期也不分红。另外一个原因就是我们的公司大都是国有股“一股独大”，其实和国有企业没什么区别。在国有企业，公司管理层有天然的冒进冲动。分红体现不出他们的价值，冒险甚至做大，才能实现利益最大化。这个问题其实并非国有企业所独有，一般的公司管理层都会有，但是在国有企业中特别明显，因为国有股股东也有这样的冲动。

第二个问题是，我们的市场对信息的管制比较弱。大股东可以直截了当地从小股东那里偷东西而没有“警察”来管。报表作假、资产转移、为母公司无限担保等，就是为了“由小到大”的“转移支付”。国外对这些管得多一点。信息问题本质上是一个学术难题，国外管得再多，也还是会出问题，“道高一尺，魔高一丈”。说到底，制度是内生的，并且很不幸，还是滞后的。小股民如果不用脚投票，这个制度就没有完善的冲动。

所以无论从哪个方面看，问题都可以说是严重的，但我们仍然得不出推倒重来的必要性和可能性。

2002年，我硕士毕业，成绩优秀。老师对我说，你不如继续读博士，我们给你奖学金，你可以随便听几门课，写几篇论文，有空出去玩玩。

博士真的那么好读？我心一动就上了“贼船”。这时候，我还没有体会到读博的痛苦，留学3年来就像刚刚工作的时候，越来越顺手，意气风发得很。

在德国念书的一个好处是免费。德国自诩是社会主义国家，指责美国是黑心的资本主义国家，只有德国的市场社会主义才能救人类。

在德国，你负责生孩子，政府负责养孩子。从出生后的奶粉钱到后面的教育费用，一律由政府埋单，实现了没有人输在起跑线上。其实世界上实行这一福利政策的发达国家有很多，如在美国和英国，基础教育都是免费的，高等教育对本国纳税人也是减免的，但是它们对待外国留学生就没有那么大方了。在这一点上，德国“大哥”最慷慨：德国的大学对待外国留学生和本国学生是一样的——都免费！当然，这几年这样的免费午餐越来越有终结的可能，德国的巴登—符腾堡州已经开始对非欧盟的外国学生收取大约 2000 欧元的学费。这是指到硕士为止的教育。从博士开始，不仅不要学费，德国教授一般还会给你提供奖学金，这笔钱足够支付你的日常生活开支而有余——意思是休假的费用也包括在内。

说回正题。申请好博士奖学金，我一开心，就背着背包独自去希腊玩了七八天，这是我第一次做“背包族”。在巴特农神庙前一个人发呆的感觉真好，过去怎么就没有发现呢？古人觉得这几百米高的地方就是和神最近的地方了，于是建庙祭拜。我们现在以为了不得的东西，其实过几千年再看，不照样渺小得很？金钱和幸福的关系也是如此，其实我们现在拥有的就足够让我们寻找到快乐了，再多 100%或者少 50%，我们的生活并没有很大的变化。我们就像是佛祖手心里的孙猴子，总以为翻几个跟斗了不起，其实翻来翻去还是那样的生活。

既然在钱上面翻几个跟斗也没什么大意思，我就好好学学当初年轻时狠狠批判过的西方经济学吧。这时候我几乎迷上了博弈论，觉得中国的很多问题都需要借用这个工具来分析和理解。

2003

转战国际市场

（最高点 1649，最低点 1307）

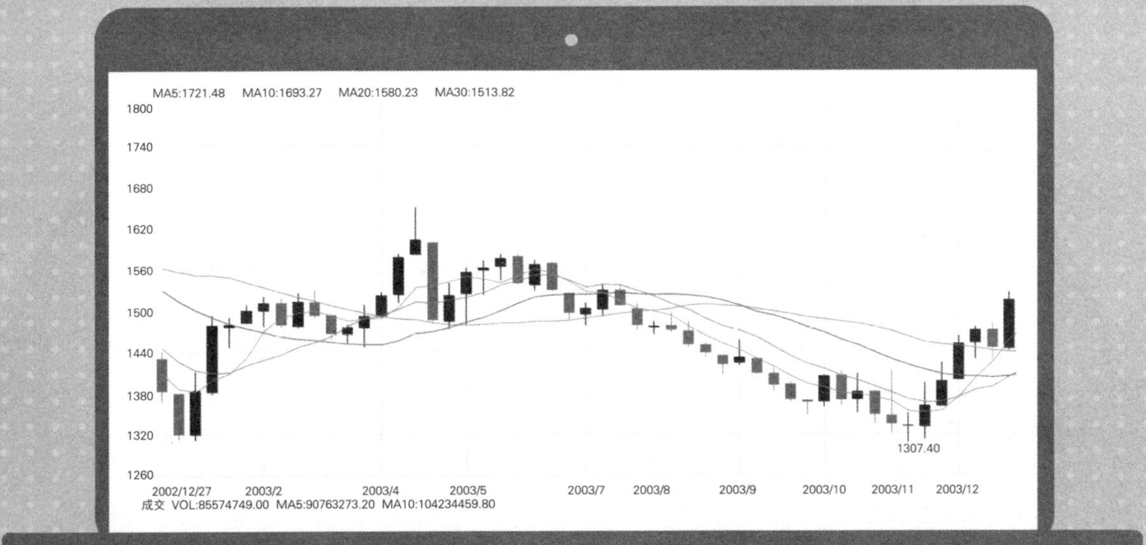

读博士并不好玩。第一年需要通过3门资格考试，否则说好的奖学金就会泡汤。而且我发觉，这里读硕士轻轻松松，但一到了读博士就累得人晕头转向。这和我们中国的教育好像刚好相反。

在国内，看上去最累的是小学生，爸爸妈妈为了让孩子“不输在起跑线上”，让孩子们扛起大书包，清晨起床顶着星星就去了学校；晚上回家，还要做数不清的作业。到了中学，忍受了很久的孩子开始试探着能不能玩玩游戏机，谈谈恋爱，泡泡网吧。所以，中途跑就慢下来了。一旦侥幸入了大学门槛，那简直就是进了游乐园。翘课和打游戏是家常便饭，大部分人的大部分时间都从书本上移开了。我自己不也是这样？好一点的念英语出国，差一点的出门赚钱，好像大学里没什么好学的。研究生就更加无聊了。最终，我们的爸爸妈妈、爷爷奶奶管住了起跑线，放走了终点线。一大群孩子就像龟兔赛跑里面的小兔子，在起跑线上蹦蹦跳跳，一路领先，到了终点线前却倒下睡大觉了。

在德国好像刚好相反：小学生是开开心心的，上课一般就是半天，下午全放水。家里没有人照看或者有的家长想让孩子有点事情做的，就放到私立的舞蹈班、画画班。到了中学，科目增加，下午也不放假了。孩子们开始选择自己喜欢的专业。老师会在不同阶段，推荐孩子进入技校、大专或者大学学习。进大学没什么考试，一般毕业了，老师推荐了，就可以去念，但是念不念得出来就不一定了。我的那位德美混血儿朋友就是一开始雄心勃勃读物理，读了两年实在是吃不消了，转到了我们经济学来。

我和他们不一样，我在起跑线上就累得半死了，到了冲刺的时候更是累得上气不接下气。诺贝尔奖是没希望了，资格考算是通过了，第一年熬过去以后，我就开始写论文。论文要写3篇，基本一年一篇。如果写得太慢，对不起，奖学金没了；如果写得不够格，对不起，博士头衔还是拿不到。

这一切的评判员又是德国教授。在德国，博士论文的水平由教授审定，倒不一定要发表。中国的博士论文虽然也需要导师审定，但是我们的学校管理者并不相信中国教授的水平，所以还要求论文在学术期刊上发表。这样一来，学生们也会看不起自己的导师，认为只要发表了论文，水平就“青出于蓝而胜于蓝”了，何必要导师来审定呢？

我的博士是在德国拿的，没有可能在导师面前趾高气扬，反而是在那种胆战心惊中开始了第一篇论文的写作，心情当然也好不到哪里去。

我的股市呢？当然也不好。

国内的股市已经低迷了2年。这一年有点儿类似于1998年，上半年上升，到了年中开始下跌。1998年，我趁着低迷的行情反思了炒作的要领，2003年我索性离开了它，远远地看它，就像欣赏一出已经知道了结局的肥皂剧。

由于基本停止了认购新股，我的资金已经闲置了很久。看到国际市场互联网泡沫破灭之后一地鸡毛的惨状，我早就萌生了转战国际市场的念头。2003年，我开始逐步认购指数基金，主要是买入DAX指数和纳斯达克指数。“初生牛犊不怕虎”，而我这个时候早就不是“初生”的了，所以很谨慎，买基金也是用定投的方式。后来听说，我有一个中国同学炒国际股市炒出了名，好多同学都跟着他做。一次见面聊起来，一听我采用的是定投基金的方法，对方一脸不屑。也是，2002年开始，投资者能捕捉到的最好机会其实就在中国，不过这个中国的机会要到国外去抓，也算是现代版的“曲线救国”。机会在哪里呢？就在纳斯达克上市的中国互联网股票。网易、新浪当时都是鸡毛价，网易一度几乎要退市。如果2002年你按照20~30美分的价格买入网易的股票，到2003

年中，就会有大约 10 倍的收益。所以，我小心翼翼的投资战略当然会被年轻人不屑一顾了。

由此看来，大部分人所谓的投资战略，都是由性格、年龄阶段和外在的环境因素决定的。如果你能够超越自身的环境，那么你的表现就能够超过平均水平，因为你具备了一部分旁观者的清醒。但是大部分人是拿着显微镜看蒙娜丽莎，感受到的是满脸荆棘、坑坑洼洼。我其实也是这些人中的一个，看似站在了一旁，其实还是离不开股市。10 年了，我的股龄比婚龄还长，又怎么可能完全割舍呢？

再者，股市其实代表了一种理财方式。我们或许可以暂时告别股市，但是不能不理财。我们往往会在不经意间体会到理财的意义。就像我上面提到的从 2001 年开始陆陆续续把钱从国内转移到国际市场的行为，后来就给我带来了另外一个意想不到的投资效益。我看似超脱了很多，但这是我的年龄和资金造成的影响，并非完全是我的思想水平或者领悟力的提高。所以从这层意思来说，我也不能超越自己的环境。

2004

另一种生活态度：穷游

（最高点 1783，最低点 1259）

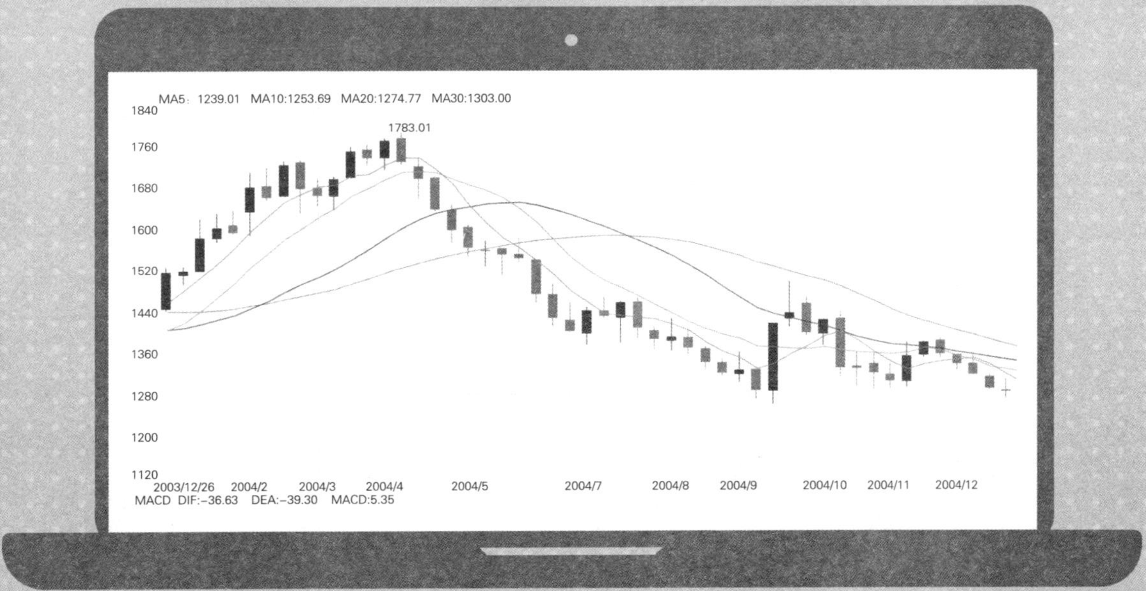

度过了2003年这艰苦的第一年，我的留学生活再次变得正常起来。博士论文进展顺利，这里良好的研究氛围帮助我较快地按规范开始了自己的研究。所以说，研究的氛围很重要。在自由的研究空间里，导师很少规定你的研究思路，但同时规范着你的研究方法；有资深的教授，可以在关键时刻帮你点拨一二；同学间有竞争，但更多的是合作，各种seminar（研讨课）让我们彼此交流思想。

论文顺利了，我的生活也丰富多彩起来。背包出游慢慢变成我生活的一部分。周末我一般总能找几个朋友一起出去徒步，享受铁路公司提供的团体优惠票。5个人一起，各种公共交通包括火车、汽车、地铁甚至轮船，一天只要300元人民币，便宜吧？想想如果我们5个人在上海做一个周末一天的出游计划，要多少交通费？到杭州的火车最便宜也要40元，来回就是80元，5个人就是400元，这还不算杭州市内和上海市内的公交成本。

所以现在来看，我们国家的物价水平两个极端的现象非常明显：一般竞争性的商品和服务便宜得很，如家政，一个小时不过是三四十元，发达国家起码是我们的3倍左右。而垄断性的商品和服务呢？我从德国打电话回国，大约每分钟0.1元人民币。这要是从中国打到国外去？

说到德国人的火车，那是世界一流。咱们中国的上海地铁一号线、磁悬浮列车和现在令国人骄傲的高铁，都有来自德国的技术——当然，经过了我们的“消化吸收”。消化吸收得快了一些，所以开通没几年，我们的高铁里程已经达到全球第一，而我们的高铁速度也完胜德国“老师傅”。

德国的车票很复杂。这时候，我才理解在车站售票厅里，那些德国老太太买票时为什么总是缠着售票员问个没完，因为一下子实在不那么容易搞清楚。后来有了互联网，大家可以在上面撰写出游攻略，详尽讲述自己的优惠发现，供别人参考，所以有人就成立了一个穷游网，建立平台供大家交流。这算是我近距离接触的第二个创业案例。现在这个穷游网已经成为国内小资出门旅游的必备网站。

德国的车票虽然很复杂，但它算是最充分利用了经济学讲的差异化定价原理，为大家出行创造了便宜又公平的成本方案。

办好了学生证，我就可以在以波恩为圆心的方圆 100 千米范围内自由行动了，据说这是以前的波恩大学学生会推动的“民生工程”，这是一个很不错的主意。要不然每次都买那比中国票价贵 10 倍的单次火车票，谁都受不了。波恩北面大约 50 千米是大城市科隆，以科隆大教堂著称于世，在波恩和科隆之间，有一个不那么有名气的世界文化遗产“布吕尔选帝侯宫”，这些地方都在我的学生票可用范围之内。可以想象，你完全可以住在波恩，去科隆上班，或者相反。更重要的是，德国的火车、地铁、公交车都是无缝接驳。例如，在波恩火车站，从地铁出来 2 分钟直接就到了火车上，拖着大箱子根本没有问题。有时候我真的很不服气：难道德国人 100 多年前修铁路的时候就想到了预留地铁出站口？

要说股票？我这会儿都快忘记这回事了。

因为这一年无论是国内还是国外，股市几乎都是一潭死水。国际上，在经历了 2003 年的一波反弹之后，好像也失去了方向。国内则陷在 1300 点不上不下。经济面其实挺好，国内连续几年的经济增长率都在 9%以上，而通货膨胀并不高，甚至通货收缩。经历了 1993—1994 年的高通胀，我好像都不知道什么叫通货紧缩了，只记得物价连年在低位徘徊，还有一点下跌。最直接的印象来自于归国探亲时下馆子，过去谈恋爱的时候出去吃饭，人均消费至少七八十元；结了婚以后，每个人五六十元就很不错了。我太太认为这是因为我把她骗到手了就变得越来越抠门，我觉得实在是因为杭州的饭馆价格越来越便宜了。

为什么会这样呢？因为20世纪90年代的大量投资现在转化为了生产力，各个消费品行业都出现了生产能力过剩的情况。竞争出现了，结果就是产量上升，价格下跌。这就是市场经济的效果。没有过剩的生产力，哪里来的竞争呢？只有在计划经济里，才会出现一个叫重复建设的名词——我们生怕投资浪费了。但是没有重复的建设，我们和谁去竞争呢？没有了竞争，浪费不就更加厉害了吗？

那几年出现的第二个变化，就是消费升级。20世纪80年代的年轻人结婚，讲究“几条腿”。不是那时候的人缺胳膊少腿，而是普通人家里没有什么像样的家具。所以如果家里富裕，能够置办一套完整的家具，那么家具的腿越多，就说明你越“靠谱”。丈母娘数完了你有几条“腿”，女儿也就嫁过来了。20世纪90年代，家里的家具都装满了，再多的腿也没必要了，就开始讲究几大件，也就是冰箱、彩电、洗衣机。我浙大那位从德国学成回来的老师，就很自豪地对我们说，他在德国留学那会儿打工攒钱，回国带回来“三大件”，说的就是这个。所以那时候的重复建设，建设的也是这些生产厂家，当时全国光利勃海尔的冰箱生产线就有10来条，可把老外乐开了花。到了21世纪钟声敲响的时候，我们家里什么家电都装满了，这时候结婚就看不上这些小电器了。慢慢地，形成了一个对房子的“需求”。

现在的媒体动不动说这是中国人的特性，中国人就是天生喜欢不动产，其实完全是胡扯。现在能够当丈母娘的女人，自己结婚的时候一般都是没有房子的。不是住在单位宿舍里，就是挤在爸爸妈妈的房里。哪有“非有自己房子不结婚”一说？要说“只有住在自己的房子里面才有安全感”，那么过去半个多世纪，中国人是不是都很不安全地过来了？现在讲究买个房什么的，也就是经济发达了，钱多了，能够买得起了，才讲究起来的。所以这是一个消费升级的问题，不是什么民族性的问题，更不是丈母娘的问题。除了房子还有一个大件，就是车子。我们国家的发展速度完全超出了我的预期。我工作那会儿有什么预期？月薪千元就了不起了。“打的”那是真拽，街上一站挥挥手，能把站在那里等公交的人眼红死。买车更是不可能的事情。要知道，一辆桑塔纳，关了门还会呼呼地往里面漏气的车，要20多万元，一般人根本承受不起。但是一晃眼才过去10年，我的哥们居然就开车来机场接我了。坐上去的时候，不知道是我在得意地笑，还是我那哥们在得意地笑？

这是一个重要的发现。巴菲特说，买股票就是要买你认识的企业的股票，所以他不买科技股。因为他老了，玩不动网游了。我也老了。10年之后，我明显地感到自己不再像20来岁那会儿对新鲜事物有强烈的渴望了。我能够理解的也就是我们富裕了之后，更多地消费住房和汽车了。所以我想，如果下一波行情起来，要买的应该就是这样的股票。

更具体一些，我们还得看一看哪只股票最能够代表这个行业。例如，房地产行业，当时我关注起了万科A。其一，万科A本来就是一只老股，看看它的代码你就知道了——000002，那是深发展之外的第2号，但是过去它的锋芒完全被深发展掩盖了。其二，我们也确实不知道万科究竟是干什么的。深发展我们很清楚，是银行，但是这个老二什么都干过。这时候的万科已经做减法好多年了，王石清清楚楚地告诉我们，万科就卖房子，而且还是住宅。所以我开始关注万科，把它当作房地产企业的标杆。但是我没有一下子全买，而是一边观望，一边慢慢买入。

汽车呢？当时全国市场上的几家大汽车厂都还没有上市，最早一批上市的是金杯汽车。后来一汽、上汽都有子公司上市，如上海汽车这只股票就是一个配件厂，所以我一下子不知道应该选哪个。这时候，长安汽车进入了我的视线。它是全国市场上微型汽车的老大，而按我的理解，微车应该是广大农村市场上最主要的品种。再者，我出于对四川长虹的偏好，爱屋及乌地对长安汽车有一种期待，希望它能够像四川长虹一样超速增长。

我慢慢地瞄准了应该追求的对象。等待的，是时机。

2005

人民币居然会升值

（最高点 1328，最低点 998）

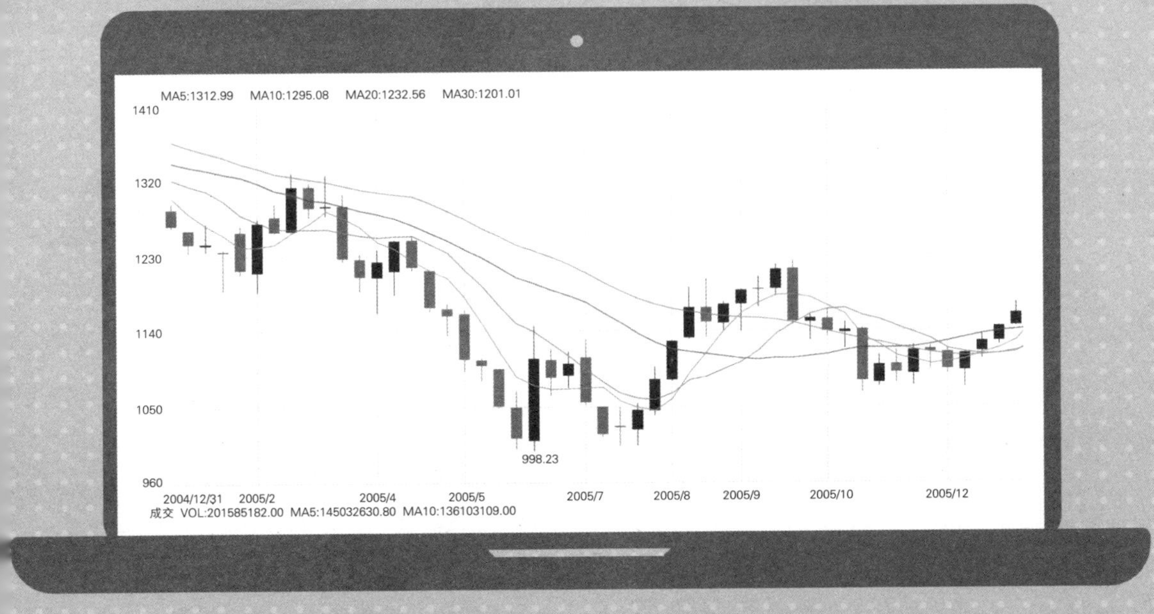

要说留学那几年我一点都没有关注国内的投资机会，那是不对的。我预计1300点是一个底部区域。2002年一开年，我的预感立马应验了。我一直希望能够在底部区域建仓，但是2002年我还没有建，因为觉得它可能还要再“颠一颠”。2003年我转移了视线，在国际市场上买入了一部分，这些投资到了2004年基本都有了收益，但收益并不是特别好。其中一个基金是跟踪纳斯达克指数的，不知道为什么纳指反弹了很多，它就是不怎么动，这让我很失望，只能怪自己“遇人不淑”。不过加总起来，还是赚了一点。

到了2005年，国内股市居然一路向下跌破了我预期的1300点。这让我精神一振。

过去的全部投资经历告诉我，漫漫跌途就是买入良机，上涨的时机从来就不是我们能够把握的，1993年、1995年、1998年，哪一次不是这样？最重要的就是设定一条我们认为的底线，低于它的时候就买进，然后等待暴涨的到来。

底线在哪里呢？1300点。这是我根据长期增长路径匡算的。现在距离上一个低点333已经10年了。在此期间，中国经济按照每年15%左右的名义增长率增长，10年后的短期波动低谷就应该在1300点附近，那么有什么理由相信大盘会长期低于这个点而不涨上来呢？所以10年以后的2015年，股市长期低于2000点的时候，我们是不是应该多一点儿信心呢？

当我们考虑这样的长周期的时候，可以忽略中国市场分红率偏低的问题。为什么这样说？因为从整个中国证券市场的发展来看，我不认为它会永远不分红。就像微软，一开始不分红，最后还是分了。我们的信息不对称问题，或者说大股东偷小股东钱的问题，一定会长久存在，但是我们不可能等到这些问题全部解决了才入市。我们只需要找到这么一个低点——它已经反映了上面所说的全部问题带来的全部悲观预期，就可以了。

那么这个低点如何才能找到呢？我没有能力预计具体的点位。但是就像刚才说的，它有一个范围，就是在1300点以下。因为1300点大致反映了经济面的位置。这个点以下，就包含了大家的悲观预期。

既然决定了转战国内市场，我就开始慢慢买入我看好的几只股票。除了万科A和长安汽车，还有一个就是民生银行。对深发展的良好印象，让我爱屋及乌地选择了银行作为我的第三个投资行业。而以我对经济的了解，银行作为对金融市场的支持，是必不可少的。特别是在经济增长的初级阶段，以银行为代表的间接融资是经济发展的主要实现方式。未来当然会转变，但是2005年还远未到达这个转折点。什么时候会达到？请读者耐心地到本书结尾部分去寻找答案。

民生银行上市是在2000年，我还认购过它的新股。我知道它是一家民营银行，新希望集团作为中国最大的民营企业，是其大股东。由于当初的商海经历，我对私营企业的活力体会深刻。所以，我一下子喜欢上了民生银行。

由于要买入国内股票，我必须不断把外币重新转移回国内。这时候，我有一对夫妻朋友也遇到了相同的问题。他们毕业了就要回国，面对手里的一大把外币资产，不知道该继续放在国外还是带回国。一次吃饭聊天时，那家当家的就问我要是我会怎么办。我一笑，心想没必要假设“要是我”了，因为我已经做出选择了。所以我毫不迟疑地说，当然应该汇回国内啦。“换成人民币？”她瞪大了眼睛，“你不怕人民币贬值吗？”

现在说起这件事，也许大家会觉得那位当家的太不了解金融。其实不是，她先生还是汇率问题的专家。但是整个 20 世纪 90 年代，或者说再早一些时候，生活的经验一直教导中国老百姓美元更值钱。最初人民币是不能换外汇的，银行里明明 100 美元换 800 元人民币，你就只能在银行门口按照 1 比 10 的价格买。90 年代为什么外贸做得那么开心？因为人民币一再贬值。贬到 1998 年金融危机，虽然朱总理说我们不贬了，但是市场不相信。市场相信的是什么呢？我们不需要猜，到黄牛那里问一问就知道了。[①] 所以对于离开中国好几年的华人来说，他们的思维模式停留在离开中国时的印象里是很正常的事情。他们担心人民币会贬值，认为持有全球通行的美元就有了保障。

这种心态可以理解，但十分错误。

为什么？因为决定汇率的条件变化了。20 世纪八九十年代，中国的改革开放政策常常导致贸易逆差，所以当时的外贸公司特别强调出口创汇。人民币贬值，是因为我们为了换得需要进口的东西，不得不降低汇率，也就是把我们的商品便宜了往外卖。那就是一种国际大减价。21 世纪的钟声敲响后，我们的经济出现了重要变化，就是生产能力大幅度提高了。过去我们进口了那么多的机器设备，到这个时候变成了生产能力。所以我们一下子进入了通货紧缩阶段；在国际上，则面对大量的贸易顺差。我们终于不再强调出口创汇了，因为外汇太多了。外汇越多，人民币升值的压力就越大。现在我们听到的新闻往往是美国施压人民币升值，而早 10 年，人民币升值并不是一件简单的事。

所以学点经济学还是很有用的。在人生的旅途中，关键的选择其实并不是很多，只要做对了那么一两次，你的人生就已经很好了。经济学

---

① 整个 20 世纪八九十年代，中国的外汇管制催生了一个外汇黑市。那些在中国银行门口晃悠的外汇贩子，俗称“黄牛”，用高于中国银行买入牌价的价格从外国人或者从外国回来的中国人手里买入美元，再加价卖给需要外汇的人。这个价格从经济学来看，就是一种市场价格。所以，你想要知道外汇未来的变动情况，当时的牌价是不能告诉你的，因为它被管制了；但“黄牛”是可以告诉你的，因为他们知道市场价格每天的波动情况。这样的黑市似乎是所有管制经济的通病，并不是中国特色。

能够帮你在关键的时候把复杂的问题简单化，然后做出一个简单而明智的决定。

不过从当时来看，我的决定并不是那么正确，因为国内股市“跌跌不休”。我真的没想到，跌破1300点以后，还有300点要跌。我已经回忆不起是什么时候开始满仓被套的了，总之我觉得自己并不是一直那么自信的。一旦满仓了股市还在下跌，任何人都会开始怀疑自己的决策是否正确。毕竟我们面对的是市场，没有人能够看透市场。

2005年在中国股市历史上值得记载下来的重大事件，其实是股改。但是有关股改的来龙去脉，说的人太多了。专家们说得那么头头是道，让人恍惚中以为他们早就预见了这种历史性时刻的到来。其实都不是。我一直以为，我们不能把投资行为建立在“应该的政策”基础上，因为我们不过是小小的散户，没有能力制定“应该的政策”来改变环境。我们的饭后谈资是“应该的政策”，我们的投资基础却不是。那么投资基础是什么呢？是建立在不确定性上的风险配置。

很多股评家往往要投资者回避不确定性，说什么“现在还有什么什么不确定，最好不要买，等明朗了再买入”，我认为这是谬论。等明朗了，还有小散的份吗？不确定性在投资市场上是永恒的，也是不可回避的。作为普通投资者，我们要么不投资，要么就赌不确定性。我们需要的其实是对不确定的风险配置。如果买入之后面对下跌，我们不可能知道跌到哪里才会停。但是我们可以看一看，我们买入的点位在整个周期里处于什么位置。2005年的1300点以下，从整个中国股市的走势来看，无疑是一个低位。而从我上面的估计中也可以知道，这是一个周期的低谷。那么我们就有理由相信，无论它再下跌多少，超过1300点并且重新站上2245点只是时间问题。所以我觉得，这个风险是值得承担的，于是我把资产大部分配置在了这里。

2006

财富从何而来

（最高点 2698，最低点 1161）

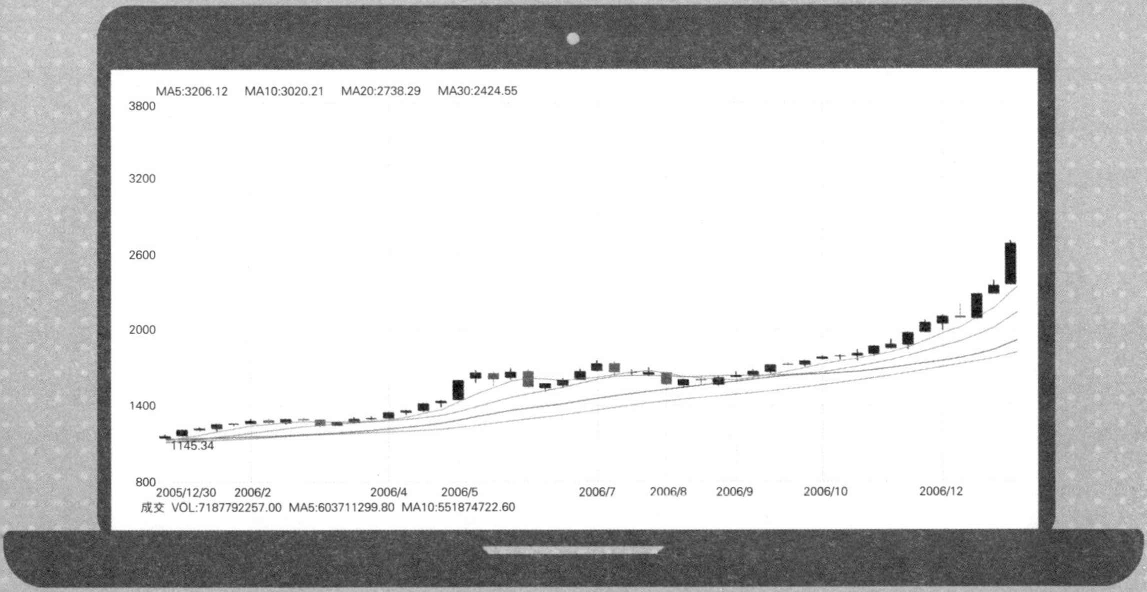

十年弹指一挥间。十年前的我，大笔捂着长虹发展，每天看着账户里的数字膨胀，心情怎一个“好”字了得。十年后的今天，股市再次向上，虽然一步三回头，但是我相信，春天来了！

我已经写好了博士论文。拿着它满世界转，说是去开会，其实就是游山玩水，外加兜售我这个 human capital（人力资本），看看能不能“卖”一个好价钱。当然，我的目标是回国找一个好学校，躲进象牙塔读读书、教教课、写写书，看世事纷纷攘攘，是不是好逍遥？每次回国，我都会拜访几所学校，密集地参加几个会议，北京、上海、杭州、厦门都去看了看。

好想回到杭州啊。杭州的建设这几年突飞猛进，像极了我生活了7年的波恩。山清水秀，最重要的是，西湖全免费。我这个时候已经爱上了背包自助游，最喜欢的事情就是在青山秀水间瞎晃，最讨厌的事情则是买一张门票跑到大家排队的地方等着和景点合影留念。所以在中国有一个地方和欧洲一样，没有门票，马路边公车跳下来就能直接走到湖边发呆，实在是惬意。

很奇怪的是，我发现有不少人在网络上骂杭州的房价为什么那么贵。我实在不知道这是为什么，网络上骂人的边际成本是不是太低了？大家为什么不愿意拿脑袋好好想一想，杭州的房价为什么贵，为什么那么多人愿意到杭州来置业。因为杭州有一个那么漂亮的公园叫西湖啊。

一个小屋子门口有一小片草坪就叫别墅，一个小区中间有一个花园就叫高档住宅区，一个城市有敞开了门不收费的世界自然文化遗产，那这个城市是不是就是最适合居住的地方呢？它的房价是不是得高才合理呢？领导人能够有比较国际化的视野，做出比较有远见的决策，就是值得赞赏和尊重的。要知道，美国、欧洲的制度也不是天上掉下来的馅饼，要不是那么多人像马丁·路德·金一样被当作前浪死在了沙滩上，后浪能那么舒舒服服地享受“3S”① 吗？

其实现在网络上的不少写手，就是为了迎合大家对于社会财富分化的不满情绪赚取眼球罢了。他们煽风点火之后，拍拍屁股可能就以脚投票了，留下一地鸡毛，还是要老百姓自己承受。就像过去 10 年里天天跺脚诅咒高房价的文章，人气很旺，点击率很高，但是如果你真的信了，买不起房、搭不上车，没人会补偿你的损失。

前一阵子有一篇文章因为杜撰了一个贫困状元死了的故事，其微信公众号被舆论判了“死刑”。② 不过因为中国社会的两极分化始终存在，这个主题赖以生存的土壤也存在。这样的写手能够月入 10 万，就是这种社会土壤滋养出来的。

作为关注收入分配不均的经济学者，我知道这个话题的分量。那些没有道德底线的写手愿意消费这个主题去月入 10 万，但是严肃的学者愿意考虑的，或许是如何才能减少这样的写手产生的概率。毕竟，中国过去的百年史，被这样的写手耽误掉的时间和机会太多了。

从宏观上讲，收入分配不均是永恒的，分配平均才是暂时的。收入分配不均的原因很多，如个人的天赋和努力程度、运气的好坏，都是客观存在而不能被人为消灭的。保持这样的收入分配不均，其实才是对客观规律的尊重，才有助于这个社会的和谐运行。

很多人说：我们的社会对不均等其实是可以容忍的，但是对不公平的现象容不下。当然，这话是简单而又正确的，但问题在于，不均等是

---

① “3S”指 Sun（阳光）、Sand（沙滩）、Sea（海洋）。

② 杨乐多．一个出身寒门的状元之死．发布于 2019 年 1 月 29 日晚，文章内容为编造的故事，后遭封禁。

可度量的，不公平是“公说公有理，婆说婆有理”的，有时候还是“今天的公婆说有理”不等于“明天的公婆也觉得有道理”的。所以，要想设计一个绝对公平的分配原则，让今天的公和婆都认同，还要让未来的公和婆也同意，基本等于天方夜谭，经济学家早就放弃了这样的努力。

有人认为，中国的基尼系数①早就远远超出了国际水平，收入分配不均的问题日趋严重。但是实际上，每个国家的民族特性不同，对收入分配不均的容忍度也是不一样的。美国和北欧都是世界上发达的地区，其科技创新的速度也都很快，但一个是发达国家中不均等程度最高的，一个是最低的。两个极端都可以达到相同的经济成果，说明社会制度本身就是多姿多彩的，并不存在千篇一律的标准答案。

从微观上看，既然社会收入不均等在我们存活期间是一个不可改变的现实，那么更加重要的是我们能不能跨越阶层，向上升一个层次。简单地说，能不能由穷变富？这不是一个简单的任务。即便经济增长，你的收入也随之增长，但是如果增长率没有高于平均水平，你的阶层仍旧是难以变动的。当下很多新媒体文章煽动“阶层固化”这个词，说的就是这样一个现象。

中国的经济增长率是全世界首屈一指的，即便在增长率大幅度下降的今天，我们再悲观，都不会认为我们不增长了。一个经济体的宏观增长率越高，经济体内微观主体的成功概率也就越高，这是一个基本的社会现象。例如，前几年杭州诞生了阿里巴巴公司，这家公司的迅速增长造就了几百个千万富翁，这就是宏观增长和微观阶层变动之间的生动案

① 收入分配不均是一个重要的经济现象，但是却非常难以衡量。例如，用富人的收入和穷人的收入相比较，算出一个相对收入，可以吗？不太好，因为没有考虑富人少，穷人多。因此，经济学里有很多不同的指标来衡量，优劣各异。其中一个用得比较多的叫“基尼系数”，它充分考虑了各个阶层的收入状况和人数多少，比较全面地衡量了收入分配不均。这个数值在 0 到 1 之间，越小说明这个社会的收入分配越平均。一般来说，北欧这些自称是社会主义的国家基尼系数是最小的，在 0.3 左右，比较大的有南美和东亚的一些国家，有的可能超过了 0.5。

例。所以，要说中国的阶层固化很严重，那么全世界真的没几个地方还有阶层不固化的了——凡事都要比较着看。

其次，经济增长往往是有行业偏向的，不可能各个行业、各个地区平均增长，所以不同行业的人其实都有“三十年河东，三十年河西”的机会。我记得小时候，是一个“搞导弹的不如卖茶叶蛋的”时代。我们巷子里首先富裕起来的是出租车司机、酒店大厨和菜市场里的个体户。他们当时的工资远远高于公务员、教师、医生之类的高级知识分子。所以当时这样的收入分配不均对我们的影响很大，不少人赞成“知识无用论”。这样的想法和今天买了房坐等升值有些类似。

我有一个很好的朋友在20世纪90年代当主厨，一年的工资就可以在杭州买个小套房。但20多年过去了，他在杭州依旧处于中等偏下的生活水平。回想当年的高工资行业，有多少人能够抓住这一社会给予的机会，完成向上的阶层晋升，由穷变富呢？可能还不足1/100。那样的途径只有两条：其一是你在自己的行业里做到最好，从主厨变成美食家，那么时至今日，你的工资还会维持在一个很高的水平，这是人力资本提高导致的阶级晋级。其二是你可以选择适当的投资理财工具，把高收入转化为高财富，这是物质资本提高导致的阶级晋级。

我们这个社会不能总是“搞导弹的不如卖茶叶蛋的”。当行业溢价从餐饮转向互联网的时候，酒店大厨的收入相对于程序员的就下降了。如果作为一个普通的酒店大厨，在自己行业溢价高的时候没有抓住机会把高收入转化为高财富，那么当其收入相对下降的时候，他又会重新沦落到社会底层。这个时候该哀叹的，究竟是“阶层固化”，还是自己没有能力迈过这个一直打开着的向上的大门？

我爱杭州，想回杭州，但是杭州却不想让我回。“好事多磨”。当时外地人都来杭州安家置业，我这个离家7年的游子却回不了家。母校的领导看了我的文章，表示看不懂，说我最好能够去浙大做博士后。恰好上海的一所大学愿意接纳我，真是绝处逢生，谢天谢地。我决定退而求其次，虽然不能天天在西湖边发呆，但是离家那么近，我每个星期来这里发一天呆还是做得到的。所以，我后来真的就每个周末都来杭州，绝不待在上海。

工作安顿好，慢慢和过去的朋友一个个联系了起来。大家很同情我，一个人在外面漂泊了那么久，一定是饿坏了——西方人哪里懂得饮食文化——所以决定轮流请我吃饭，一边吃饭一边聊天，感慨光阴如梭，一晃眼都毕业 10 来年了，为什么不重新回母校聚一聚呢？于是我们真的天南海北走到了一起。老和山植物园、西湖边灵隐寺，重新怀旧了一番。当年指点江山者，今天不过是这江山中的一粒，尘土也罢，石子也好，都没了昔日豪情。不过聚会也有所得，同学中的一位居然成了职业操盘手，挺着个啤酒肚，红光满面。看来这几年全国股民输掉的钱多半进了他的口袋。于是大家纷纷向他恭喜，不为别的，请他埋单。

席间有人忽然发问，这 10 来年，有谁觉得过得开心快乐的？请举手！大肚子埋单去了，不举手，因为他想到了股市崩盘、婚事变盘的窘境，他不快乐；老板的拎起酒瓶，大叫“以德服人”，他想到了和别人品酒或者拼酒差点倒在酒桌上因公殉职的悲壮；有人辗转全国，甚至跑去新加坡打工赚钱，现在虽然功成名就，但是甘苦谁人知？最后只有三个人举手了，两个是老师，还有两个是“海龟”。咦？二加二怎么你说是三个人？原因很简单，说了让你脑筋急转弯吧。老师不可能是最有钱的，“海龟”嘛，多半是国外混不好回来娘家找口饭吃的。但是他们都自我感觉良好，觉得很幸福。国内的朋友们呢？你们是不是也该想一想，生活的目的究竟是什么？

2006 年的股市，天天向上，让我们来不及想生活的目的，先赚钱再说！

2007

股市上的珠峰

（最高点 6124，最低点 2541）

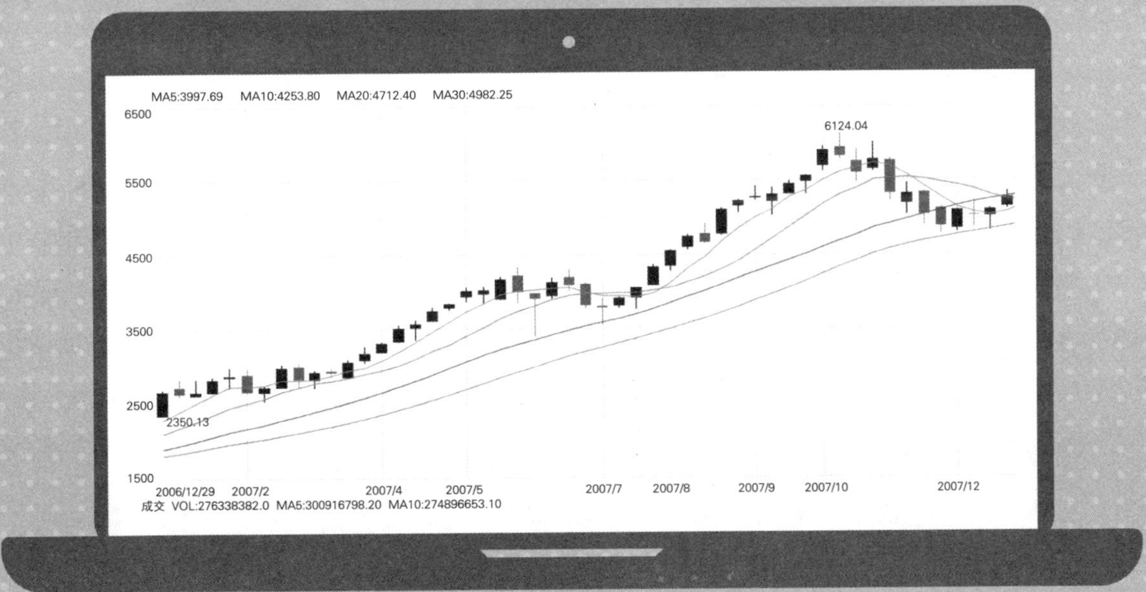

2007年真是疯狂的一年。人们还来不及思考，股票就翻了一番。年初时我总算考出了驾照，在资本主义世界混了7年，我始终没买汽车，就是一个坐公交的命，回到祖国的怀抱才几个月，我就决定买车了。还是社会主义好啊！

买车的决定并不是那么容易做出的。因为这意味着要从股市里抽出20万元消费掉。在这个日升夜涨的时代，今天消费掉1元，就意味着年底会少赚2元甚至3元。2006年底，我的一个哥们已经卖掉了房子，把钱全部投进了股市。我倒好，开始高消费了。不过在我看来，这没什么，这就是生活。股市哪天会掉下来我不知道，我知道的是我每天要吃饭、穿衣服。至于车子嘛，杭州、上海的出租车太“便宜”了，所以我打不着！

话说回来，我不得不买车的另外一个原因是，我觉得股票这么涨上去不是个事儿。我的万科A、民生银行都涨了快3倍了，是不是该卖掉一点出来看看了？我在第一季度的调整中拿出了一部分，但是这样的担心迅速被高速上涨的现实彻底否定了，我开始后悔自己的决策。3000点之后的调整仅仅回调到2500点就停止了，之后翻身向上，3—5月连着涨了3个月，见到了4000点。这一段我几乎踏空，算是彻底打乱了节奏。如果我一直持有，那么万科A能够让我实现接近10倍的利润，但我在半山腰出来了。人的贪欲就像是蚯蚓——斩不断，理还乱，本来想一刀两断，结果它变成了两条，爬来爬去让你更加心烦意乱。在过去10多年的投资生涯中，我自认为在大势的把握上还是准确的。这几年混迹国外，也自认为比年轻时更加清醒和自律。但是事实证明，这一切是多么可笑。我仍然是佛祖手心里翻跟斗的小猴子，如果戒得掉贪念，我就成佛了。

时间进入6月，上海热火朝天，股市总算下跌，开始调整。我急不可待地把仓位重新填满。宝钢股份、中远海控（那时候叫中国远洋）替代了原来的万科和民生。资产注入热火朝天，中远海控按照100倍市盈率发行，结果再涨3倍，因为它上市后立即注入了优质资产。这样的行情彻底激发了全中国人民的热情，今天，他们唱着“死了也不卖”，呼唤10年牛市，盼望着万点到来。从6月开始，上证指数上涨50%，从4000点冲到了6000点。不仅中远海控涨了3倍多，宝钢股份也翻了一番。全中国人民炒“中国”，凡是“中”字头的股票，无一例外遭到爆炒。中国工商银行这样的巨无霸也被炒起来，中国神华66元上市，立即被炒到90元上方，上演“中国神话”压不住火；中国石油接着上，照样高开，到达不可思议的47元的高位。要知道，它前几年在香港上市不过是几元的价。中国石油终于没有火上加油，兜头泼下了一盆冷水，让人打了个冷战，叫醒了在迷雾里打转的股民。不对，实际上大家还没有真的清醒。

我再一次重演了1997年和1998年的错误。

实际上我在5000点上方的时候感觉到了危机，所以逐步抛出了获利丰厚的筹码。特别是到6000多点的时候，我的仓位并不重。中国石油上市时，我还用多余的钱认购了一把，赚了一笔就跑了。但是当股市真的开始下跌，我又认为这不过是过去1年多来屡次出现的上升途中的调整。所以当12月出现一个阶段低点的时候，我又一次乐观地杀了进去，幻想着能够再次上演5月的好戏。但这一次，我错了！

当然，要说“我错了”并不是那么容易的事情。我知道，一个好的投资者是需要时时刻刻反省自己的投资策略的。但是如果只反省“这次在高点我没有及时抛出，太贪心了，下次我一定不那么贪心”，是绝对不够的。为什么呢？因为贪心是人性。实际上，每一次投资，我们都不可能在事前就认识到自己的贪婪，如果真的认识到了，那么我们怎么可能贪婪呢？在股市“天天向上”的牛市中，很多人过早地抛出了筹码，又在更高的位置接回来，并没有保住胜利的果实。所以，在贪婪和胆怯之间徘徊的人性，并不能自动选择最优的节点做出投资策略的转化。我们的反思也不能停留在“这次没注意，下次要小心”的低水平。

经济学对此的解决方案是：提供一个均衡的投资策略。如果你有两个投资项目，一个叫股市，另一个叫房产。如果在短期内股市出现大涨，使得你的资产在两个项目上的配比发生严重失调的时候，你就要卖出占比较高的股市资产（这时候往往也是股市估值很高的时候），买入占比较低的房产（这时候往往也是房子比较便宜的时候）。这样的调整，一方面相对独立于你的主观判断的（这样就避免了人性的非理性扰动），一方面也结合了个人的基本情况（因为你的初始状态应该是你本来需要的配比，后面因为外部因素导致偏离，平衡投资策略会带你回归到原来你需要的状态）。

回到 2007 年，审视自己的资产，股市已经给我带来将近 5 倍的收益，在和房产的配比关系中显而易见地严重失调。如果当时贯彻平衡投资策略，那么我 5000 点之上卖出的筹码，应该及时投资于房产，从而避免后来重蹈覆辙。

2008

从波峰到谷底

（最高点 5522，最低点 1664）

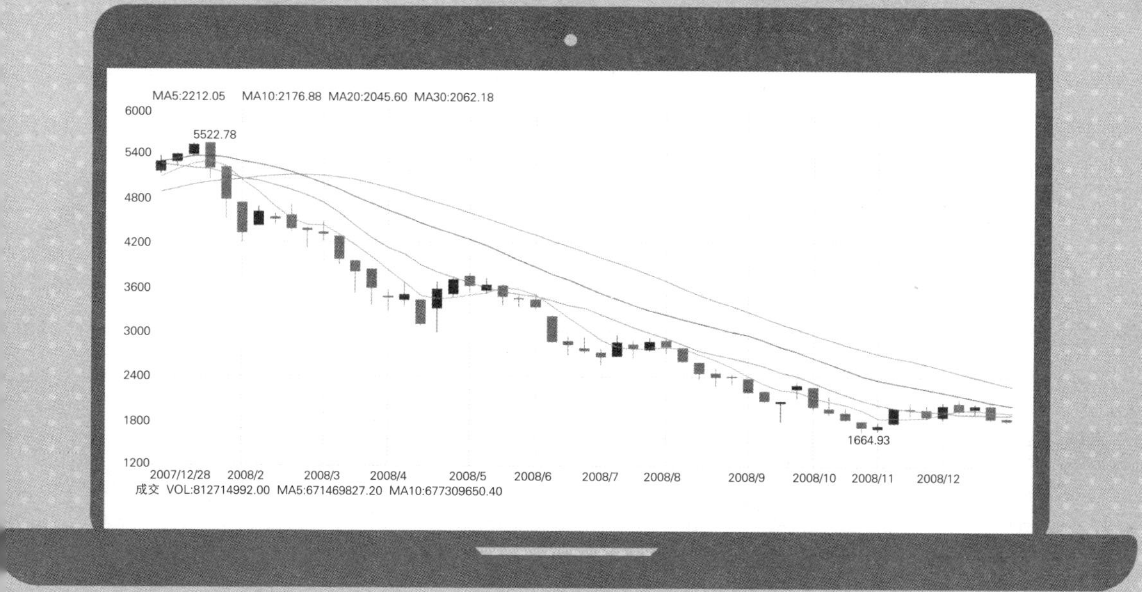

2008年寒假，亚航刚刚开通厦门到曼谷的航班，廉价航空正式进入国内市场。得益于在德国的穷游经历，我组织全家去泰国普吉岛自助游。

这是我第一次去东南亚旅游，也是一次经典的穷游。后来10余年，我几乎年年寒假都去东南亚。为什么要舍近求远，不去海南三亚，而去东南亚呢？因为两相比较，穷游精神告诉我，东南亚才是度假生活的好地方。

出门度假，首先要学会慢。东南亚国家，无论是泰国还是菲律宾，你在餐馆里面选好座位、点好菜，没有1个小时是吃不到的。回来途经香港，看着港人的麻利手脚，这么一对比，好像也就明白了为什么香港人那么富，东南亚人那么穷。毕竟时光倒退半个世纪，两地的经济水平并无多少差别。

但是在那里晒了6天太阳，我终于明白、也习惯了这样的慢生活。钱不花掉不是自己的，时间不慢慢地品味，也不是自己的。我们出来度假，就是给自己一个慢慢的生活。很多人觉得出来就是为了享受物质上的奢侈，所以要住五星级酒店，要吃几千元的名贵菜肴，我倒是觉得最奢侈的享受其实就是时间。生活本来就应该慢条斯理，但是我们在都市里被迫忙忙碌碌，工作、学习，那都是为生计、为家庭、为领导、为同事……有多少时间是留给自己的？所以，我们出门度假，首先就是为了把时间留给自己。泰国的经济发展水平不高，但是他们的幸福程度未必输给我们。当然“子非鱼，安知鱼之乐”，这仅仅是我的主观体会，对他们而言未必就是真。

学会了慢，也就放松了自己，也就可以有时间来品味身边许多被自己忽略的美好。

其次，不要怕烦。现代社会为了效率，选择了极细的分工。但是我们的生活也就因为这样的分工，失去了很多乐趣。在流水线上工作，你不会对最终产品产生那种手工工匠才有的归属感。同样，如果你跟团出游，也不会觉得你的所闻所见是你努力的结果，你不会有欣喜。是的，自助游好烦。因为没有导游安排一切，你必须很早就为机票、住宿、游玩线路等操心。但这不是旅游的一部分吗？如果你愿意慢慢地生活，这种不讲究分工的事必亲躬的态度，就是一个好度假的开始。慢慢地计划你的行程吧，就像照顾一个婴儿，不付出一个个不眠之夜，你不会为了它的一点点成长而欣喜万分。

一个好的目的地选择决定了一次度假成败的一多半。我最近 10 多年去了东南亚 10 来次，是因为这是一个老少皆宜的放松地方。很多人说到海就向往着马尔代夫。其实世界那么大，大部分又都是海，不可能就一个马尔代夫才值得你去欣赏。什么事情都想要最好的，其实就是你什么都得不到的原因。杭州的小山包也许不如黄山有名又漂亮，但是我不能为了去黄山天天干活，没有时间去杭州的小山包爬山健身。马尔代夫就是一个给全世界穷人的胡萝卜，如果你一直坚持这个“理想”不罢休，那么你就会错过世界上 99.99%美丽的大海。

所以，我特别喜欢东南亚。这里符合我的两大“腐败要求”：

第一是有的玩，海水不是水晶瓶，我需要一个可以亲近的大海。这个大海要漂亮，可以拍照做桌面；这个大海还要平静，葡萄牙的大陆最西端很美，但是汹涌澎湃，可远观而不可亵玩；平静的大海里面还需要有生物，色彩斑斓的热带鱼悠游在你的脚边，围绕着你，观你如同我们在动物园里面欣赏的狮、熊、虎、豹。

第二是要能吃到海鲜。面对大海而不能食尽“海间美味”，实在是饕餮之徒的人生至憾。我第一次去泰国普吉的皮皮岛，虽然大海符合我的要求，但是晚餐顿顿只有一个油炸的“seafood in basket”。让我们真的是“望洋兴叹”！事后总结：不能去太“高档”的度假区。为什么呢？目前全世界所谓的高档度假区，都是按照欧美人的标准建设的。白人好像味觉不是很发达，到了海边还在吃牛排汉堡。像中国人那么能吃的人种，和他们混到一块儿，真的是国运不济，没有办法啊！后来我选的地方都不存在这些问题，比如菲律宾的巴拉望和宿务，随便在落日的余晖中走走，沙滩边的酒吧餐馆都会摆出一堆堆让你眼馋口馋的虾兵蟹将。而且价格公道，分量十足。一般类似红星斑的大鱼在 60~70 元人民币一公斤。巨大的老虎虾，100 元人民币一公斤，而且他们的分量很足，不善于缺斤短两。

在这样的海边上吃饭，抬头满天星斗，耳听波涛阵阵，生活的美好，还有更胜于此的吗？

在海边晒得黑不溜秋回来之后，轮到我的心情黑不溜秋了。

2 月开始是延续 1 个月的杀跌，股指丝毫没有在 4500 点停留的意思。整个第一季度，股指从 5000 点上方一下子回落到了 3000 点。4 月，我做出了一个让我至今后悔不已的决策：我非但没有把被套的股票斩仓出局，反而认为 3000 点是调整的极限低位了。所以我把剩余的钱全部投了进去，希望能够出现一波反弹，把我被套的钱全部解救出来。结果，股市的确反弹了，但是反弹的幅度小得可怜，连 4000 点都没有触及就开始了新的下跌。这样一来，我的资金全部被套，我索性做起了鸵鸟——随他去吧。

现在回想起来，我用经济的大势去估计周期的低位，坚定买入的决心是没错的；但同时，我也应该用同样的逻辑去匡算周期的高位，坚定卖出的决心。上一次的高点是 2001 年的 2245 点，那么延续到 2007 年，6 年间每年 15%的增速应该是在 5200 点左右。也就是说，5000 点上方绝对是超涨，就像是 1300 点以下是超跌。既然我用这样的理由在 1300 点下方建仓，为什么还会在 5000 点以上时漠视我的逻辑，幻想股指会到10000点呢？我觉得，认真回顾自己的历史，并不是要做事后诸葛亮，要求自己在最高点卖掉、最低点买入，而是应该找出自己逻辑上的问题，才可能发现自己真正的问题，避免以后发生同样的错误。我们实际上不可能用精准预测来要求自己，能够要求自己的，是逻辑上的一以贯之。这是我现在后悔的最大原因。

这次错误带来的结果是再增加半年时间的煎熬和3000点往下再度腰斩的痛苦。错了，就应该认错。我的专职股民哥们对此的理解是，我们应该设定一个止损线，当发现走势和我们的预期相反时，就立刻反向操作，认赔出局。我资质愚钝，不能理解为什么一个人为的止损线能够避免系统的错误。例如，如果我设置10%的止损线，那么买入后下跌到10%我就亏损出局了，而股市刚刚跌了11%就反弹了，我应该继续买进吗？买进之后它又向下呢？我再卖掉？这样的话，也许总的跌幅不到20%，而我反而要亏损20%，不是吗？我觉得，认错的不是判断，而是逻辑。就像这次，我的错误（注意，不是失误！）是没有用自己的买入逻辑同样设定卖出的警戒线。那么当我再次面对下跌的行情时，我就只能重新拿出我本来的逻辑，推算下跌的警戒线。虽然我已经满仓，没有钱来补充了，但至少我不会在应该补仓的地方止损出局。

上一个低点999点已经在2005年出现，这个低点低于我预计的1300点。那么2005—2008年这3年，这个点位应该抬高到1500点左右。如果按照本来我预计的1300点往上算的话，应该是在2000点不到。所以我觉得，逻辑应该是这样：如果2005年的999点代表了全部的悲观预期和对中国股市的不看好，那么2008年跌到1500点，就相当于我们的股改什么的都没有做，回到了当初的悲观预期。问题是这3年中，我们其实是享受到了股改“十送三”的好处的。按照这个比例往上加，就是说，我们同样悲观，但是至少收入了“十送三”的股改成果的话，应该在2000点左右。这和从1300点往上算得到的点位差不多，那么2000点以下，就是超跌了。

我总算是在这个地方清醒了。这时候我需要的是坚持，尽管 2000 点以下，中央汇金出面买股救市，仍阻止不了市场的继续下探，直到 1664 点这个大家现在都知道的低点。但我的坚持，终于迎来了“大 B 浪反弹”。

2009

“大B浪反弹”

（最高点3478，最低点1844）

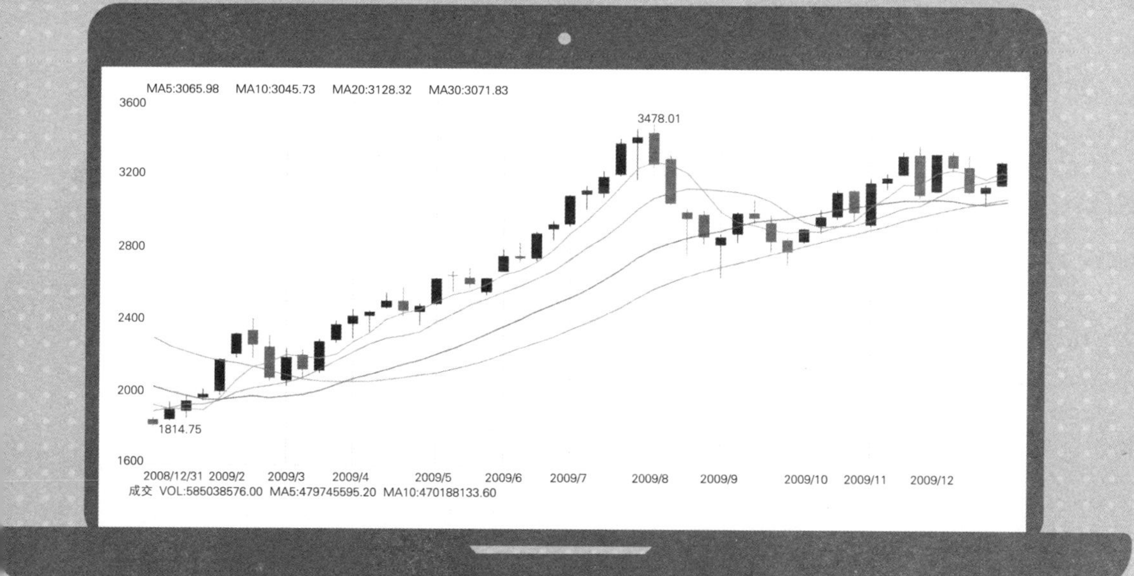

股市从上年底开始回暖，我的股票市值也开始慢慢恢复，2009 年一开年就迎来了一个“开门红”，之后连续 7 个月报收红线，股指也在这个时候站上了 3478 点。我明确地知道，这一波的上涨只是一个反弹而已。从 6100 点跌到 1600 点，一共跌了 4500 点，反弹 50%大致也就是在 3800 点，而我的成本在 4000 点以上，没希望解套了。但是如果从 2006 年算起来，我的获利仍然丰厚，无所谓是 3000 点还是 4000 点。所以退一步海阔天空，我在 3000 点以上派发了大部分反弹比较多的股票，并且挪出一些投到了房产上。

要说这几年投资的最大失误，除了 2008 年在 5000 点上方没有一个清醒的认识，还有一个就是没有及时地投资房地产，利用杠杆赚钱。要说我对于房地产的认识，其实比一般人都早。2000 年以后我就慢慢认识到，中国下一步消费的中心将从家电转移到汽车和房地产，这也是我选择万科 A 和长安汽车的原因。但是，我把目光过于局限在了股市上，没有充分地认识到，金融市场对个人买房的开放其实是革命性的。

过去，中国老百姓从来没有一个机会去利用金融杠杆投资，所以一旦有了这个机会，你没有抓住而别人抓住了，你就会一下子落在别人后面。很多人说温州人喜欢投资实物，不喜欢股票，所以他们买房，也因此有了“温州炒房团”这个称呼，这个说法其实是不对的。温州人买房子不买股票，不是因为他们喜欢实物，而是因为他们知道，买房可以利用 3 倍的金融杠杆。你用 100 万元买股票，涨了 30%，你就赚 30 万。如果你买房子呢？首付 3 成，你就可以买下定价 300 多万元的房子。房价涨 30%，你就赚了 90 万，这是你初始资金的 90%！那么为什么还要买股票呢？

我为什么不喜欢买房呢？这和我的个人经历很有关系。我不是不知道利用金融杠杆的好处，但也深深地知道这种杠杆的坏处。如果上面的故事反过来，是价格下跌了30%，股票我还能捂着不动，而房子会被银行拍卖，这时我就身无分文了。有人觉得房价是不会跌的，但哪有这样的好事？凡是投资品就有涨有跌。1996年我做外贸，认识了一些在香港做生意的朋友，其中有一个在香港待了十几年的印度人。一次喝酒，听我说股票赚钱的事情，他语重心长地对我说："兄弟啊，你还年轻，不知道股票跌起来那个厉害。我告诉你，不要买股票，买房子！我炒楼炒了二三十年，没有看到房价下跌过。你看看，香港地那么少，人那么多，怎么可能跌呢？"我对这番话记忆深刻，是因为过了不到2年，香港楼市在亚洲金融风暴的打击下狂跌60%以上，连腰斩都不止。我后来没有再联系过这位朋友，不知道他在这场风暴中损失如何，只能默默为他祈祷。

有了这样的体会，我很不愿意冒险利用杠杆交易。炒股时我从来没有透支过，买房我也不愿意贷款。但是这样的心态让我错失了过去5年中国房地产的良好投资机会，特别是在杭州这么好的地方。2008年全球金融风暴来临的时候，或许是我能够尝试转移投资的机会之一。不过那时候我的资金全部被套，也不想错过"大B浪反弹"的机会，所以一直没有动。好不容易反弹了，我当然希望能够把"鸡蛋"更加均衡地分配到各种资产上去。所以7月抛掉部分股票之后，我果断地买了几处小房作为投资。到目前为止，这些房子的价格都上涨了200%以上。

为什么2009年的房价会涨得那么厉害？因为政府为了应对2008年金融危机，防止经济"硬着陆"而推行了"四万亿"计划。记得一次吃饭，一位供职银行个人信贷部门的朋友到处问："有没有人要贷款的？我这里钱多得不得了。公务员、教师、医生这类职业凭信用就可以贷款，无须抵押。”但是到了第二年我真的想贷款，再去找他的时候，他又换了一套说辞：“兄弟，现在哪儿还有钱?”

宏观经济学的教科书里用了很大的篇幅谈货币政策。有一些流派认为，货币政策（简单地说，就是中央银行多印一些或者少印一些纸币）能够改变经济的运行效率；还有一些流派认为，这样的效果很可疑，至少在稍长的一个时间段内效果不明显。但是所有的经济学家都同意：无论能不能影响实体经济，多发货币一定会带来通货膨胀。这是确定无疑的。说白了就是，你去饭店吃饭，钱是一定要付的，但吃不吃得到饭还得另说。如果你到了这么一家饭店门口，多半是不会进门的。但是我们的政府就是果断，迅速推出了“四万亿”的刺激政策。所以到现在，通货膨胀压都压不住了。

10 年过去了，回顾当年的“四万亿”刺激政策，经济学者之间一直有不小的争论。不少人“事后诸葛亮”地认为，当年的放水是错的，是导致现在经济转型积重难返的主要原因。但是也有不少人设身处地为政府考虑，认为在那样的全球性金融危机的情况下，难道任凭经济下行而无动于衷？尤其是大量的出口型企业关门，导致农民工失业返乡，这是游离于供给数据之外的，但却是执政者不能不考虑的严峻问题。

这样的争论在学界并不稀奇。有人说，经济学家永远不会给世人一个标准答案，总是“伸出两只手”（这个话直译自英语“on one hand, on the other hand”，中文意思是“一方面，另外一方面”，这两方面的意思往往是对立的，形容经济学家的意见模棱两可，莫衷一是）。但是在政界和舆论界，这几年似乎已经形成了一个共识，就是不能再搞“大水漫灌式”的刺激政策，而需要“精准滴灌”。

这样的想法固然不错。不过我们发现，美联储作为世界上最大的中央银行，往往是真正的“大水漫灌”，很少听说它改成“精准滴灌”的。例如，美联储不可能针对花旗银行定向降息，让它只给自己办的小企业发放贷款，而不给特朗普的大公司发放贷款。因为一旦如此“精准滴灌”，花旗银行很可能会问：万一形成坏账，谁来承担责任呢？虽然美联储主席往往是著名的经济学家，但他既没胆量也没能力回答这个问题。所以在美国，和宏观经济学教科书上说的一样，中央银行负责大水漫灌，商业银行负责精准滴灌。如果精准失误，成了坏账，毫无疑问商业银行“吃不了兜着走”，没有其他人会为其埋单。

有人说，2008 年美国次贷危机时，美联储不就出手相助，帮助商业银行渡过难关了吗？的确如此。但是美联储当时之所以行动，首先是因为商业银行的危机已经不是个别现象，而是变成了整体的宏观现象。为了挽救整体的流动性危机而出手，并非“精准”，还是“漫灌”；其次，美联储的下手非常毒辣，一旦商业银行们气喘稍定，就即刻收回“帮助之手”，而且没忘记横拉一刀，赚了个盆满钵满。根据《华尔街日报》（*Wall Street Journal*）对央行数据的分析，2005—2015 年，美联储共向美国政府上缴约 7000 亿美元利润，其中 2015 年上缴 1172 亿美元，金额远高于金融危机爆发 3 年前即 2005 年的 215 亿美元。无独有偶，八大发达经济体的央行 2015 年向各国政府上缴约 1490 亿美元，较 2005 年的 400 亿美元高出逾 2 倍。这个数据充分说明：“精准滴灌”的失误并不会由中央银行埋单，中央银行救助的不是商业银行的经营失误，而是整体流动性危机。

实际上，虽然中央银行是商业银行的“妈”，但是它并没有超越商业银行的“精准滴灌”能力。由于信息不对称的存在，中央银行想要“精准滴灌”，也“精准”不过了解实际情况的商业银行们。所以在美国的金融市场里，美联储调整的利率手段，就是“漫灌”到各大商业银行的基准利率，统一而无差异；而各个商业银行是不是贷款给小企业，其贷款的利率又是多少，都是商业银行的独立决策，不可能让美联储决定。

那么为什么到了中国大陆，我们对中央银行的降息降准就会怕得要死，没有什么媒体敢理直气壮地宣布“大水漫灌”了呢？这或许是因为我们的银行体系主要还是由国资组成，号令一下，一哄而上，彼此缺乏商业行为应该有的差异化，才会让“央妈”着急。于是，中央银行一再强调要“精准滴灌”，而不是“大水漫灌”。但是这样的效果会好吗？“央妈”能够知道精准的方向和指导具体的风控吗？

想要真正实现“精准滴灌”，还是需要建立起多元化投资主体的商业银行系统，开放民营资本和外资进入金融市场，让不同主体的商业银行去寻找和适用自己最擅长的领域。这样才能尽可能回避信息不对称问题，实现金融市场的差异化经营，从而让中央银行回到“大水漫灌”的职责范围内。

说回这一年的股市。见到 3478 点之后，股指就有点累，几次想再上去都力不从心。如果你现在打开 k 线图，可以很明显地看到 2009 年下半年的一个收敛三角形。这个时候，用我的经济面匡算就没什么用了。为什么？因为 2008 年的高点和低点好像一下子都已经探明了。那么现在是往上开始一波新的牛市呢，还是继续向下重新寻找低点呢？从逻辑上看，好像都是可能的，这和 5000 点上方和 1300 点下方是完全不同的情形。上一次出现这个情况，是 2003—2004 年，1300 点出现之后，也有 2 次反弹到 1700 点左右，同样可以问这个问题。但是那时候的我远在万里之遥，所以说“距离产生美”，一点都不错。这一次我就离得太近了，不识庐山真面目，只缘身在此山中。我没有完全退出来，我想再看一看，特别是看好人民币的继续升值前景。我觉得应该有个股的行情。

个股行情的确不错。但是就像 1999 年的高科技行情一样，这次也是这一类股票的行情。它们的特点就是由一些民间的大资金主导，炒一些内幕消息，所以都是中小盘股票。上证指数止步 3478 点之后，深圳的中小盘指数和创业板开始崭露头角。我基本不理解这些，所以除了继续持有一些大盘股，只参与了创业板和小盘的新股认购，得到了一些小小的收益。

2010

房子到底贵不贵

（最高点 3306，最低点 2319）

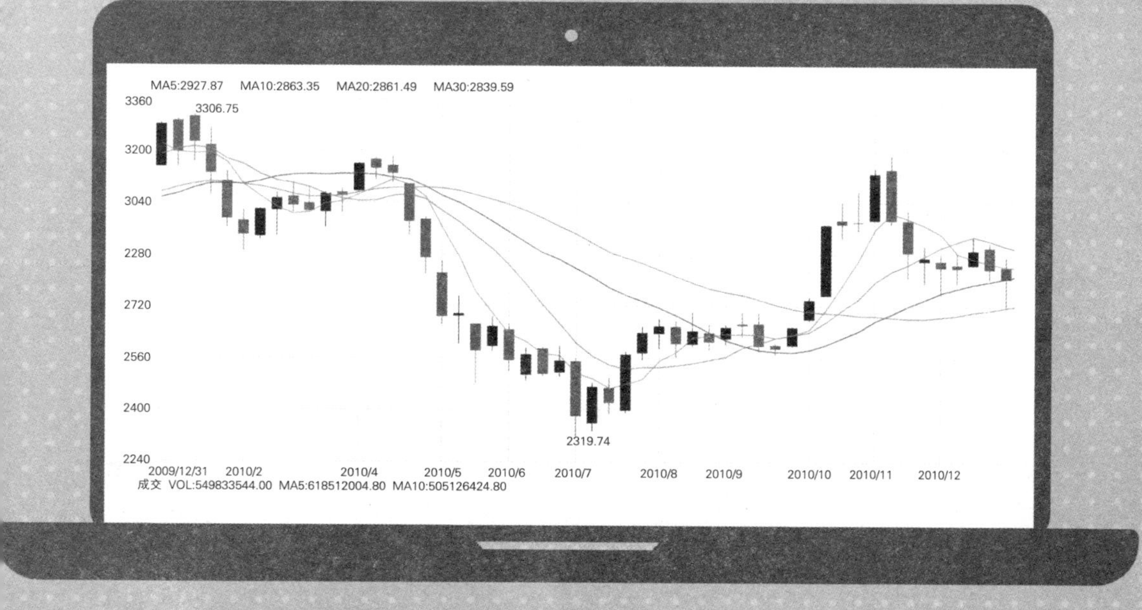

要说2010年的行情，看上去真的很有趣。开年第一季度，k线图就走了一个小小的挖坑图。这个坑很有一点继往开来的味道。因为在当时看来，它就和2009年的大坑很相似，不过是按比例缩小了而已。

4月开始，股指明显地向下破位，第二季度下跌了大约800点，跌幅达25%。然后整个下半年又是单边上涨行情，基本回到了年初的水平。所以第二、三、四季度又构成了一个大坑，就好像是第一季度小坑的放大。从整个6124点下行的格局来看，这样的走势说明新的牛市行情还远未到来，股市还在向下寻找底部。2010年7月的2319点就是一次试验。所以，我们可以再次运用经济面匡算。既然这次行情的高点6124点已经出现，而底部尚待落实，我们就不太好用1664点说事。那么还是用上一轮行情的低点999点来看。2005—2010年，每年15%的名义增长率没有大的变化，那么2010年的低点应该在2000点。如果我们考虑股改的因素，似乎应该再高一点。再者，我们按照2005年应该在1300点算，那么2010年应该在2600点才对。这么说来，2319点只能说是很接近我们认为的底部，但是还不能肯定这就是超跌了。这是我开始认为可以逐步建仓，但不是非常自信的原因。

下半年，特别是10月的一段脉冲行情，让我燃起了一点希望，是不是2319点算是探底成功了呢？基于上面的考虑，我又想抽出一点钱继续做房地产投资。不过很可惜，这一波的脉冲太短了。我还没有看好房子，行情就结束了，没来得及完成我的设想。或者说，我预期的股市行情高了点，而预期的房子跌幅大了点。从那以后，我再也没有合适的调整投资结构的机会，整个中国的投资市场好像陷入了僵局：全国人民都希望房价降下来，但它就是没怎么跌；全国人民都希望股票涨上去，但它就是不涨。

为什么会这样？

首先来看看房子。现在很多人说中国的房地产泡沫太大了。因为他们很简单地对比了北京、上海和美国、德国的房价收入比，发现我们的房价收入比远远高于发达国家。比如有人说，美国是 3 倍房价收入比，而中国是 10 倍，这意味着我们的房子需要不吃不喝 10 年才能买下来，但是美国人呢？3 年就可以了。这不是意味着我们的房价有泡沫吗？

2009 年房价狂涨了 1 倍后，国家开始实行房地产调控政策，推行了很多措施，如限购。但是情况究竟如何呢？我的很多朋友在 2003—2005 年买了房子。现在的小朋友会很嫉妒地说："你们好幸福啊，那时候的房子多便宜！"且慢，打住！你们知道那时候的房价收入比吗？那时候我们能赚多少？其实 1999 年的房价收入比比现在还要高，差不多在 12 倍以上，2003 年前后的房价收入比也还是现在的水平。所以实际上，如果你让时光倒流 10 年，会发现虽然房子很便宜，但是你的收入也很少。按照当时的收入想买一套房子，你仍然会觉得买不起。

但是一旦你买了房子，情况就会发生意想不到的变化。因为你买了房，房子的价格就锁定了。而你的收入会随着经济的增长和工作经验的增长而快速增长。过去 10 年，我们的经济按照 15%的名义速度在增长，而我们的工资很可能会由于职位的上升而涨得更快。我那些买了房子的朋友，虽然当初签了 20 年或者 30 年的房贷合同，但真正还清贷款的时间都要不了那么久。为什么？收入增长了呗。所以说，静态看待房价收入比的说辞，实在是没有考虑中国经济增长的片面观点。

再来看看股市。从我炒股票开始，已经过去了将近 20 年，中国的股市规模扩大了不知道几千倍，但是从点位上看好像进步不大，2000 年还在 2000 多点徘徊。最重要的一点是，保护投资者利益，还是说得多、做得少。从表面上看，我们的股市和美国的好像差别不大，但是实际上相差何止千万。这个千万就在“法治”上。我们有了法律，也有了法制，但是离“法治”还有很长的路要走。为什么我们的企业家不喜欢创新而喜欢模仿？因为我们的产权保护制度不够有力。为什么有生产者道德沦丧，卖毒酒、毒米、毒奶粉？因为我们的消费者权益没有得到有效保护。为什么这些权利得不到有效保护呢？因为我们大部分人还没有意识到，我们需要放弃一些实物，去花费成本（包括时间和金钱）来获得这种权利。这就是一个法治完善的过程。我相信，这个过程将会贯穿整个国家发展的过程。或者说，这本身就是发展。从这个意义上说，我认同所有对股市制度性缺失的指责，但是我坚信，中国的股市还是有它投资的价值的，我们需要的是参与，旁观是不能改变它的。我们身处其中！

2010 年我们正处在一个向下寻底的过程中，在 3478 点以来的向下趋势没有明显变化之前，我们需要的是坚定买套的决心。这个决心来自中国经济继续成长的趋势不变，这是由长期增长路径所决定的，不过很有可能出现的是增长率下降。过去 30 年，中国的实际 GDP 是年增长 9%~10%，加上通胀率，名义增长率至少在 15%。未来的 20 年，估计会下降 2~3 个百分点，实际增速在 7%左右，通胀率在 3%~5%，那么名义增速就在 10%~12%。我们的人民币还会继续升值，直到实际汇率达到 1∶1 的水平。也就是说，名义汇率有可能达到 1 美元换 3~4 元人民币。这些判断决定了，用经济面匡算得到的低点大致就在 2300 点一带，而高点应该至少在 10000 点（以 6124 点之后每年增长 11%计）。我们向上的盈利空间是 4 倍以上，向下的空间大致是 10%。如何做出选择，已经是显而易见的了。

2011

庙堂江湖

（最高点 3067，最低点 2134）

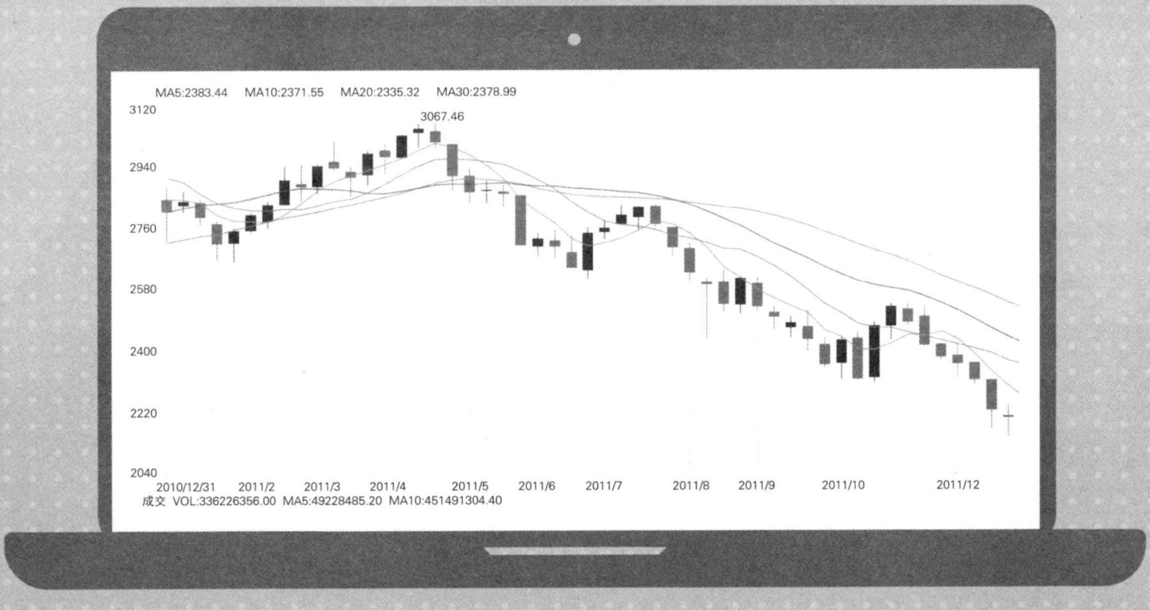

2011年的上证指数年k线，几乎是一根光脚阴线。如果把它和2010年的光头阴线连起来看，就是一根光头光脚的大阴线。由此可见，这两个年份的股民生活有多么痛苦。整整24个月，没有1个月给你好日子过。尤其是那些在中国石油等大盘股上“站岗放哨”的人，满满的都是泪。

屈指算来，我投资中国A股市场已经接近20年，虽然不敢称成功，但是毕竟能够在这个市场上生存下来，而且年化收益率不低于上证指数。感谢《证券时报》，在我初出茅庐的时候，就给了我一个方寸之地（当时叫“茶座”），让我可以发表不成熟的见解，现在居然还给我开设了一个专栏。为了取名字我想了半天，最后定位叫“庙堂江湖”。少不更事时指点江山，挥斥方遒，以为自己终有一天能够在庙堂上高谈阔论。现在年纪大了，才发现高谈阔论往往是在江湖游走的人的特性，真进了庙堂的，往往惜字如金，才不会胡说八道。所以我们人在江湖，就要摆正位置，切不可以为自己真的可以依靠那一点儿经济学知识代替庙堂做出决策。而同时，我们也不可以妄自菲薄，以为经济学知识毫无用处，整天以打听内幕消息为乐。因为近20年投资经历告诉我，政策消息固然有偶然性，但它出台的背景还是有一定的必然性的。

《证券时报》是股市方面的权威媒体，能够在上面开设专栏，是我的荣幸。这个荣幸带来的是称谓的变化，不少人开始叫我“沈老师”。我知道，这样叫我的人，意思重点在“老”而不是“师”。

这不，大凡想聊股票的，都会问一个问题：沈老师，最近有什么好股票可以推荐？这哪里是请教问题，分明就是来考我的。首先，现在A

股市场有3000只左右的股票，每天平均只有30~40只涨停板的“好股票”，1%的命中率，比我当年考浙江大学的录取率还低。我考得上浙大，但回答不了这个问题啊！

其次，我回答这样的问题，多半“胜之不武，败之有愧”。因为提问者只是好奇，看你猜不猜得中，绝不会把身家性命押在你推荐的股票上。而一旦你落到了那99%的区域，就陡然增加了别人的笑料——你看看，经济学家炒股还不如我厉害，这些害人的“砖家”啊！摇头晃脑之余，仿佛刚刚好就是我这个“砖家”妨碍了他成为巴菲特。

所以慢慢地，我学乖了。对于这样的问题，我一般总是首先检讨自己对不起“经济学家”和“资深股民”这些头衔，然后抱歉地告诉对方，自己的操作水准非常差，所以最近已经金盆洗手，不太投资股票了。

我确实没有说假话，因为我的投资总量里，股票的仓位已经越来越低。但是我并没有远离股市，因为我投资的是各种被动型指数基金。对于我这样一个不能与时俱进的A股投资人而言，20年前面对几十只股票的时候已经有点儿力不能逮，又如何有本事在如今数千只股票里面大海捞针？所以面对现实，我只能选择被动型的指数基金。这样，我的选择面又回到了几十只，如果选择能力没有明显下降的话，我还是可以保持当年的水平。如果我能够总结近20年的经验教训，那么选择能力还会有所提高。

所以，大部分的股民都问错了问题，至少问题的顺序错了。由易而难，初入股市的投资者，首先应该问什么时候买入或者卖出大盘指数基金，这就是一个择时的问题；然后才能逐步过渡到思考选择什么样的行业，买卖行业性的指数基金；最后等你炉火纯青之时，才能考虑千里挑一的买卖股票问题。一上来就考虑买卖个股，就好比让一个7~8岁的孩子直接从博士研究生开始读一样，是不切实际的。

但是大部分人都不愿意承认这一点。而且总有少数人知道大部分人不愿意承认这一点，于是提供各种股市投资建议。这些建议无一例外地或明或暗地告诉你下个星期的涨停股秘密，于是散户朋友的钱就哗啦啦地跑到这些人的口袋里去了。这游戏变换着外衣，上演了一遍又一遍，我只能很无奈地说：既然散户朋友愿意把辛辛苦苦打工赚来的钱拿来买赌场入场券，就说明他们喜欢享受涨涨跌跌的刺激，而不是真的需要理财增值。

经济学当然不能洞悉明天涨停的股票是哪只，但是却揭示了一些一般性的投资规律。这些投资规律能够帮助我们提高年化收益率，不多，一两个点就已经很好了。而这一两个点的年化收益率差异，或许就会在时间的帮助下，区别大部分人生活的好坏。

有一次开会，我的同事半开玩笑半正经地说："我只要抱住老板的大腿就好了。"真的，在大部分工作岗位上，大部分人是庸庸碌碌的任务执行者，而不是像埃隆·马斯克那样的奇思妙想的创造者。所以让你的上级满意，就是一个很好的过上好生活的原则。

但是现代市场经济的好处就在于，它实际上给你提供了另一种可能性。如果你努力，那么尽早实现财务自由，就是摆脱职场束缚的良方。指望政府或者社会给你养老，就很有可能因为延长退休年龄而不得不继续"抱紧老板的大腿"；如果通过资本市场获得合理的回报，才有可能真正减少你对工资奖金患得患失的时间。

很多人知道努力工作增加收入，尤其是勤奋的中国人。但是很少有人意识到，理财能力的高低，才会决定你步入中年之后的生活水准。

举例来说，你从毕业开始总共工作 30 年，每年存 1 元钱用于退休生活。如果你像土财主一样把这 1 元钱埋在地下，那么 20 年后，你就只有 30 元。但是如果你每年都把这 1 元钱存到银行或者余额宝里，获取 5%的年利息，那么 30 年后你会有多少钱呢？大约 70 元！5%的年利息能够让你的财富在 30 年后增加 1 倍多，特别是在最后的 3 年，每年的增值数量是 4 元。也就是说，你的财产性收入是你工资性收入结余的

4倍。这时候，你还需要抱着老板的大腿瑟瑟发抖吗？

如果你能够再努力一些，白天努力工作，晚上回家好好学习经济学，提高一下理财收益率。假设在原来每年5%的基础上多了1个百分点，那又会怎么样呢？每年6%的年收益率会使你在30年后拥有大约84元财富，是每年5%收益率的120%！更重要的是，你的财务自由会随着年化收益率的提高而加速到来。当你把年收益率提高1倍，达到每年10%的时候，30年后你拥有的财富是180元左右，已经超过了70元的2倍140元。进而，你走向财务自由的年限也一下子缩短到整个工作时间的一半，大约15年。这不正是很多人期待的美好生活吗？

当然，你不要想多了，万一能够达到每年20%，那会怎么样呢？30年后，你会拥有大约1400元，实际上只需要工作七八年就可以不再看老板的脸色。事实上，确实有人做到了这一点，这个人就是巴菲特。他从10岁就开始卖报纸赚钱，到现在还在赚钱，是全球第一个靠投资理财成为富豪的人物。他的秘诀很简单：第一，活得长；第二，每年获得大约20%以上的年化收益率。你能办到吗？

我不期待成为巴菲特，因为我的起点就晚了。我七八岁的时候，中国的经济改革刚刚开始，年广九卖瓜子就被抓起来了；我又期待成为巴菲特，因为我身处一个美好的时代，中国的经济增长快，过去40余年中国经济平均年增长率是9%~10%，而美国长期的增长率才3%~4%。所以很多人和我一样，期待超越巴菲特。对此雄心壮志，我们千万要记住巴菲特的秘诀第一条！有时候，慢就是快，欲速则不达。但是无论如何，我们都要记住：老板的大腿是可以不抱或者少抱一会儿的，必须抱多久，取决于自我理财能力。

2012

创业板的启动

（最高点 2478，最低点 1949）

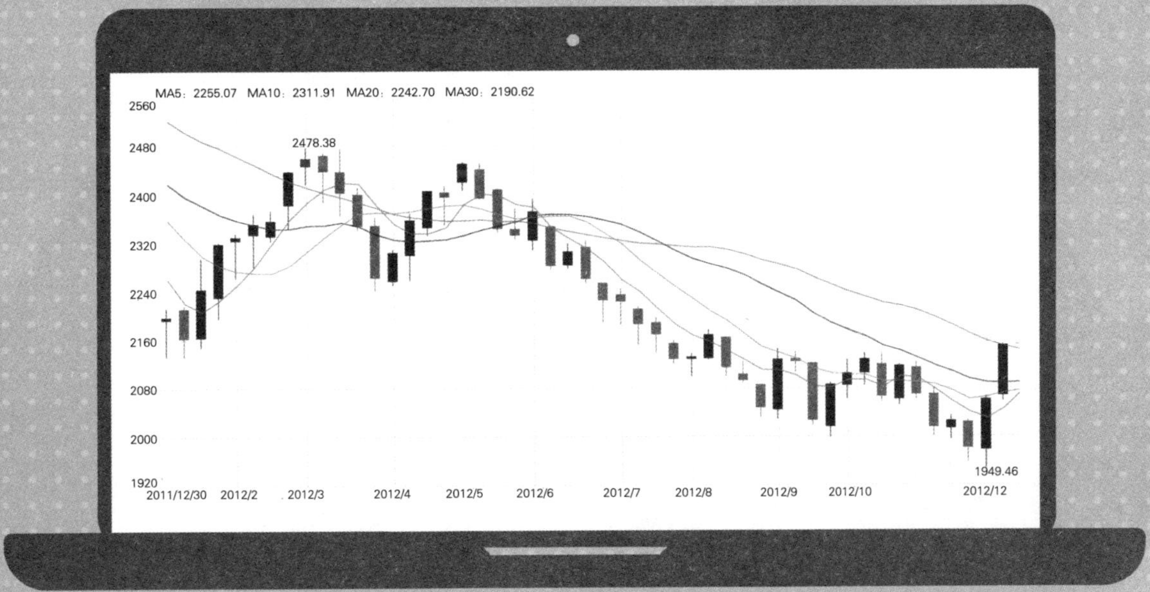

2010 年，股市多了一个成员板块——创业板。但是成立后将近两年，它一直“跌跌不休”，直到 2012 底创出最低点 585 点。

这个板块创立的目的也是支持实体经济，尤其是创新企业和创新经济。2018 年在中国国际进口博览会开幕式上，我们又宣布要建设科创板，落实注册制。其思路和当年的创业板是一脉相承的，都是贯彻了许小年“推倒重来”的想法，在中国股市低位运行很长时间之后，试图重开一局，再赌输赢。当然，现在这时候中国大陆的股市市盈率甚至远低于美国股市，相比较而言，风险较小而潜力巨大。但是如何把潜力变成现实，通过发展直接融资市场，助推经济转型升级，还是一个摆在金融监管当局面前的课题，尚没有现成的答案。

搞好了，逐利的资金会流向中国，那么世界经济格局就会在未来为之大变；搞不好，现阶段的经济下行会慢慢演变成为长期的经济停滞，金融市场是现代经济的命脉，唯有发展好金融市场，才能帮助实体经济创新升级。

那么如何才能实现这一战略举措呢？需要在整个金融市场的稳定发展中谋划和考虑。因为多层次的金融市场是互相联系的，不能把每一个市场单独割裂开来看问题。建立科创板也好，创业板也罢，都需要主板有一个慢牛行情，投资者对未来的预期比较正面和乐观；而落实注册制，需要加大监管力度，用严刑峻法让那些希望通过注册制在资本市场坑蒙拐骗的违法者知难而退。

新板块的建立，整体而言加大了市场供给，所以需要一个慢牛行情才能顺利落实。而到了 2019 年，我们恰好有机会推动一个慢牛行情。

原因在于，通过前一阶段的供给侧改革，大量的国有蓝筹公司业绩得到改善，市盈率处于极端低位。这是发动慢牛行情的业绩基础。但是我们过去的教训是，不能用国有资金去市场直接买股票来形成一个“资金牛市”，因为这样，跟风资金会迅速推高指数，等到抛售股票的时候，就会结束牛市，形成“快牛慢熊”的格局。如果通过国有大股东表决，把绩优蓝筹股的业绩变成分红，提高分红比例（如承诺50%~80%的分红率10年），就能有效改善这些蓝筹股在资本市场上的估值，吸引市场资金承接这些国有大蓝筹公司。

一旦主板市场通过提高分红率抬高了市盈率，行情就会慢慢演化为慢牛行情。因为这样的上涨是需要市场资金逐步积累的，不同公司的高分红策略不同（可以回购注销，也可以现金分红，可以年初分红，也可以年中分红，不一而足）。如此，行情不是一蹴而就，也不会一下子停下来，而是会和业绩增长与价值重估息息相关。

国有股份在慢牛行情中能够比较顺利地逐步退出，把宝贵的资金用于高科技产业基金等能够拉动经济创新升级的地方，也是对实体经济的有效助推。

另外，注册制会促使大量企业在短时间内上市，如果不能同步建立有效的退市制度，那么劣币驱逐良币，逆向选择将会最终让市场退化甚至崩溃。2007—2018年，全球上市公司退市数量累计达到21280家，甚至超过IPO数量16299家。其中，美国作为最大的股票市场，1980—2017年总计上市了将近2万家企业，其中退市1.4万家左右，占比七成。[①] 正是在这样的高淘汰率下，才优胜劣汰、大浪淘沙，剩下了微软、苹果、亚马逊这类好公司，铸就了慢牛行情。

而我们的资本市场，退市的不到1/100，几乎可以忽略不计。这样的预期如果延续到未来的科创板注册制，一定会导致新设立的科创板和

---

① 过去37年美股已有14183家公司退市　怎么做到的［EB/OL］金融界，https：//baijiahao. baidu. com/s？id=1620197186435721744&wfr=spider&for=pc

现在的主板殊途同归，没有什么差异和层次。就像当年的创业板一样，到现在，有几个股民能够清晰地知道主板、中小板和创业板之间的区别呢？在经历了这一波创业板上涨和下跌的轮回之后，遍地鸡毛，我们或许难以认为当年的创业板是一场成功的金融市场改革。

当然，2012 年，创业板刚刚探明了历史低点，等待它的是未来 3 年的好时光，其中最火热的就是互联网概念。据说，巴菲特一直不买高科技股票，尤其是互联网股票，因为他认为自己老了，看不懂新技术。我们家里也有一个老爷爷，他操着一口被严重浙化的上海话，一直认为我们都是乡下人——虽然我是唯一一个真正法律意义上的上海人，但是这个法律规定的身份一直不被我的老丈人承认。老人家不上网，我们给他装了微信，他也从来不看。对他来说，我们这些乡下人怎么可能知道天下大事呢？怎么可能还有什么是乡下人知道而上海人不知道的商业知识呢？

最近，互联网终于触及他的生活。我用打车软件帮他叫好车，让他舒舒服服地坐车回家，而不是挤公交车回家了。“这个打车软件很便宜。”我再三强调这一点，否则会被批评浪费钱财。老先生坐了几次，马上开始给我们讲故事。我知道，这表明他已经理解了互联网思维，并活学活用了。

“依晓得伐（你知道吗）？原先（也就是很久很久以前的意思）上海外滩那边还没有公交车，是外国人首先开始营运公交车的。”

“但是外国人开了公交车公司，却没有人愿意来乘，外国人就要亏本了。外国人怎么可能心甘情愿亏本呢？”

“于是外国人开始想办法。办法很简单：每个乘车的人可以领两个馒头。馒头中国人是认得的，也是喜欢的，所以慢慢就有很多中国人去坐公交车。等坐过几次，就发现，这玩意儿比马车、牛车快多了，也不颠簸。于是坐的人越来越多。”

“这时候，外国人开始减少发放馒头的数量了。两个减为一个，一个减为没有，到最后开始收起了车票钱。”

这些免费甚至赔本赚吆喝的商业思维，早在互联网出现前 100 年，就已经被中国人熟练运用了——而且套上了外国人的外衣。我一向是这样理解老人家的故事的，这些故事完全不可考证，大部分是老人家自己的思想，无非是穿了一个上海滩洋人的马甲而已。

这也说明，互联网不过是优化了一下信息传递的成本而已。而外表光鲜的外衣下，还是离不开老祖宗的商业文化积淀。任你再“互联网”，卖的假货终究不可能变成真。

从街边小店摇身变成互联网商家，似乎就是新技术、新产业了。但是实际上，如果你不能诚信经营，任你如何有互联网思维，也还是逃脱不了失败的命运。淘宝家大业大，如果不能展示出它在杜绝假货方面有什么高人一等的办法措施，那么可能是“其兴也勃焉，其亡也忽焉”。

在淘宝上买到假货，是因为互联网可以降低流通成本，却并不能解决质量识别问题，微信上流传的假消息也是一样的逻辑。信息传递成本下降带来的恶果之一，就是消灭一个假消息的成本也在急剧上升。在不辨真假、只要标题吸引人就能吸引转发传播的情况下，每一个人都扮演着传播错误信息的角色，因为大众的识别能力并不比专业人士高。这是一个新事物吗？不是，它和以前口口相传的逻辑相同，只不过传播成本降低，使得其效应放大了成百上千倍。

不过，我们的社会对此的认识还不够充分，以为互联网能够解决原来的一切困难。大银行不愿意给小企业贷款？那么就来个互联网金融。公共交通不方便？那么就来个“共享单车”。资本逐利而来，呼啸而去，最终可能留下的是一地鸡毛。

2013

经济低迷就应该买消费股

（最高点 2444，最低点 1849）

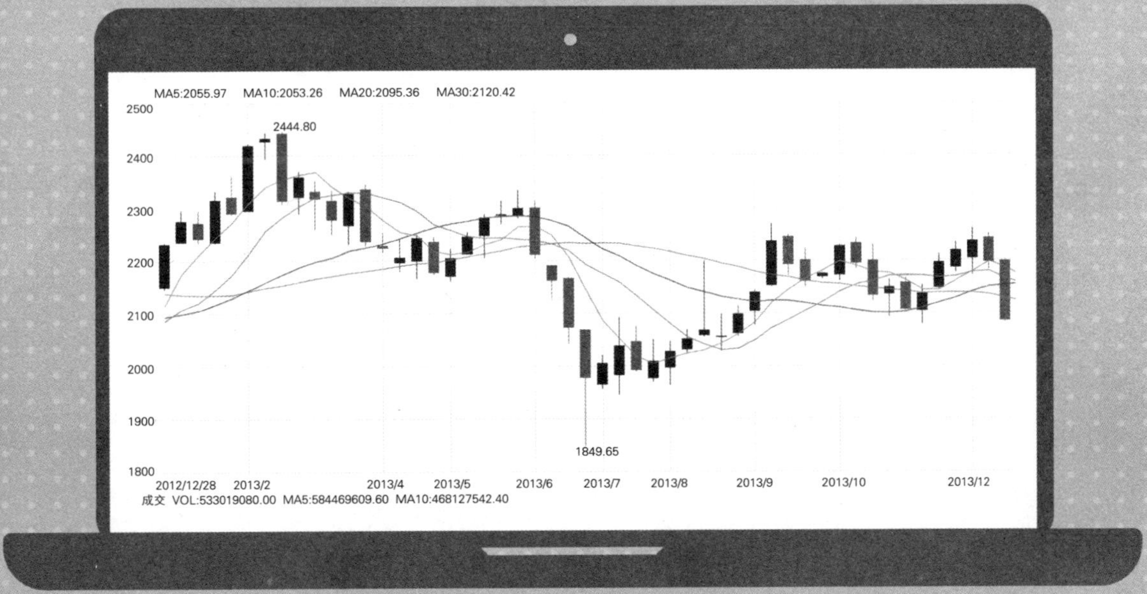

2013 年的股市指数在低位徘徊，似乎全国的股民都失去了判断的方向，我也一样。教了那么多年书，俗话说，教学相长。诚哉斯言，我能通过教育学生，知道一些本该指导我的股市投资的基本原理吗？如果自己没有好好理解书本上的理论知识，反倒说前人总结的都是些没有用的道理，倒头来只有自己吃亏。前几年我在房子上吃了一次亏，这次在 2013 年的股市上，我又能通过教科书，教给学生什么真材实料呢？

宏观经济学教科书里有一个重要的假说——永久收入假说。这是著名的经济学家米尔顿·弗里德曼提出的，和他针锋相对的即期收入假说，则被另外一位著名的经济学家凯恩斯坚持。二人的分歧主要在哪里呢？在于消费选择理论。如果我们观察一个人的消费行为，我们会说一句老话：量入为出。也就是说，消费者如果不是一个特别败家的人，一般会根据他的收入来安排支出。但是这样简单的道理，或许还有一个不那么简单的逻辑在背后：我们究竟应该根据现在的收入来量入为出呢，还是根据一生的收入来做决策？如果是根据现在的收入决定消费多少，就是“即期收入假说”；如果是以一生的收入来决定消费量，就是“永久收入假说”。

例如，我们现在还是学生，父母每个月给我们 1000 元生活费，我们只好吃点儿大排档，买一点儿地摊货，和男朋友或女朋友约会，也最好去免费的公园或者廉价的量贩 KTV。等到我们工作了，工资远远高于 1000 元时，我们的出手就阔绰了。吃海鲜、住星级酒店，度假也会选择马尔代夫。由此看来，我们的消费是和即期收入相关的，凯恩斯说得没错。

但是透过上述表象，我们还可以继续追问。观察年轻人的消费行为时，我们可以注意到，大学毕业有好工作的白领一族，很多都是“月光”甚至是负收入。他们往往借钱买车买房，支出大于收入，每天睁开眼睛就是一连串必须要还的债。而当我们观察中年的白领阶层时会发现，尽管他们的收入更加高，但是往往不那么会花钱，他们更多地倾向于储蓄。按照即期收入假说，这样的现象得不到解释啊！所以弗里德曼说，我们消费支出的多少，是和我们一生的收入有关的。刚毕业的年轻人虽然收入不高，但是他们预计到未来的收入会逐步上升，所以敢于贷款买车买房，消费减去当时的收入，很有可能会是一个正数。而中年人虽然收入远高于年轻人，但是他们预计到即将退休，未来的收入可能会下降，为了保证退休之后的生活水平不会大幅度下降，就更愿意储蓄，所以消费远小于即期收入。

我们可以再假想一个更加极端的例子：今天你突然买彩票中了大奖，那么今天的收入是一个很高的数字，如 1000 万元。那么你今天的消费呢？你会因为今天成了富豪，就花几百万元举办一次大派对和朋友们欢聚一堂，挥霍殆尽呢？还是更加倾向于把钱存起来，今天花一部分，明天花一部分，这么每天慢慢地花，直到老去？我想，一般的人会选择后者。这是因为我们预计到，这样的高收入是不可持续的，明天不太可能会继续中奖。所以，我们一生的收入可能就那么 1000 万元。那么最好的消费策略就是每年花掉几十万，而不是一下子在今天都花完。

当然，这样的永久收入假说是有成立条件的。当我们还是一个优秀大学生的时候，尽管我们预计未来自己的收入会很高，很想借钱给女朋友买 999 朵玫瑰花，但却不知道能向谁借钱。向银行借？银行可能会问你：“我凭什么相信你将来会还钱呢？你能不能拿点儿什么东西来抵押？”这就难倒了你，因为你没什么可以抵押的。向家长借？也许父母不担心你会不还钱，但是他们会教训你说：“好好读书，花钱买花向女朋友献殷勤？省省吧！”这么一来，所谓的永久收入假说就成了泡影。

所以我们发现，越是发达国家，法制越完备，金融市场越发达，年轻人就越敢于消费，敢于贷款。当然，银行也越敢于放款。这样，大家也就生活得越悠闲。贷款并不会压垮一代人，反而会提升我们一生的幸福感。因为我们把收入尽可能地平均化，让我们在特别需要钱的时候能够享受到钱带来的快乐。钱不花掉不是自己的，花在需要的时候，才最能够为自己服务！

所以，金融市场的完备与否，直接决定了我们的生活幸福感。我们期待的不是通过贷款去搏杀投机，获得特别高的风险收益，而是通过金融市场，获得“平平淡淡”的生活。那才是最幸福的选择！

现在我们回到经济周期理论。信奉永久收入假说，对我们理解经济周期有什么帮助呢？我们来看看，一场经济危机的冲击，对我们的消费行为和投资行为分别有什么样的影响。如果我们经受了一次收入突然下降的冲击，但我们预期这只是一次短时间下降，那么永久收入假说告诉我们，我们现在的消费不应该随着收入的下降而大幅度下降，而可以动用储蓄维持以往的消费水平。所以从整体上看，一个国家受到外来冲击、GDP 急剧下滑的时候，这个国家的整体消费或许并不会下降很多，而投资却会以超过 GDP 下降幅度的程度快速下降。相反，在繁荣阶段，我们也不会看到消费有大幅度的上升，而投资上升的幅度又会超过 GDP。这就是为什么多数股评家会在经济低迷的时候劝说股民购买“消费类”的股票，而在经济高涨时期又劝说大家买“投资类”的股票。

这些躺在教科书里的道理并不是没有用的。2013 年贵州茅台的最低价是 70 元，到现在差不多上涨了 15 倍（最高价正在逼近 1000 元），而上证指数的同期涨幅只有差不多十几个百分点。如果你认为茅台只是一个特例，那么可以去看看消费类的股票指数。2013 年 9 月 1 日设立的消费 ETF 基金（股票代码：159928）到 2018 年底，5 年上涨了 80%，而同期的沪、深 300 指数涨幅只有 30%，上证指数的涨幅更惨，不到 20%。

因为关注消费股，有一个人进入了我的视野，那就是董明珠，她领导的格力电器是中国股市上少有的“现金奶牛”。“董阿姨”在媒体面前很高调。2013 年遇到小米的老板雷军时，还和他打了一个赌。

当时，格力和小米的掌门人同台领奖，董明珠面对小米的挑衅，大胆设局，用 10 亿元对赌小米不可能在 5 年内在营业额上超越格力。这个赌局在 2019 年揭晓——“董阿姨”险胜，但我觉得她的胜利本不应该如此惊险。

2013 年，小米的营业额大约是格力的七八分之一。而格力作为中国家电业的翘楚，经营蒸蒸日上，5 年后营业额大约增长了 1 倍，所以董明珠的自信不是骄傲。但是截至 2017 年第三季度，小米的营业额已经无限接近格力电器。如果按照这样的增速不变，2018 年小米营业额超越格力电器应该还是有可能的。所以在后来的一次采访中，董明珠对这个赌局略有悔意，改口说“钱不是很重要，大家都不会在意押注的 10 亿元是不是真的履约”。

对于格力和小米的赌局可能很多人期待着看“董阿姨”的笑话。因为在他们眼里，格力这样的企业属于旧经济、重资产行业；而小米才是新经济、轻资产行业，依靠几个杰出的营销点子和科技亮点，就能在 10 年内迅速崛起，完成对旧经济的超越。而董明珠辛辛苦苦耕耘多年才达到的千亿元业绩，这么容易就被超越，不就是无可奈何花落去的典范吗？

其实我相信，董明珠就算是输，也是输在了经济学上，而不是和小米的对决上。因为这个赌局的指标选取很成问题。如果董明珠当初选择的不是营业额，而是营业额增加值，那么十有八九她不需要躲躲闪闪，而是大张旗鼓地追讨这快要到手的赌注。10 亿元并不是一个小数目，最贵的“首席经济学家”不过年薪 1500 万元，5 年加起来 7500 万元，才是赌局的一个小零头。

企业对赌谁的本事大，一是赌谁赚得多，这个指标应该是利润额，大家都知道；二是赌谁干的事情大，这时候利润也许不是很重要。从理论上讲，只有企业的股东才关心利润回报，现代企业的经营者和股东分离，经营者有时候更加在意的是企业在社会上的影响力，那就是他们要算营业额的原因所在。这件事，经济学家不是不知道。

但是企业的营业额有个很大的毛病。假设有个人开了一个包子铺，每天买来 100 斤面粉，制作成 10000 个包子，每个包子卖 1 元钱，那么他的营业额就是 10000 元。另外一个人不会做包子，也想开个包子铺，怎么办？他对包子铺老板说："这样，你的 10000 个包子全部卖给我，我把每个包子都用一个小纸盒装起来，按照每个 1.1 元卖出去。"这样一来，他的营业额是多少呢？11000 元。比原来包子铺的营业额还多了 1000 元。但是他到底生产了什么呢？包子吗？不是的。他仅仅生产了一个装包子的盒子，他的产品增加值是 1000 元，而不是 11000 元。所以，一个生产盒子的商家再有创意，再有营销手段，他对社会的影响力都只有 1000 元增加值，远不及包子铺老板的 10000 元来得大。

我们的政府知道这个道理，所以税务局征收间接税，都是按照企业的产品增加值收税，名"增值税"，营业税也有，但那是对小商小贩算不清楚增加值而不得不选取的替代手法，无论是小米还是格力，都是不屑于使用营业税的。

董明珠作为一位身经百战的企业家，用营业额作为指标和轻资产的小米去设局，结果也是显而易见的。但是吃瓜的群众切不可由此得出结论，认为中国的未来要靠小米，和格力没什么关系。要我说，中国的未来要靠重资产的格力为基础，才会有轻资产的小米去显身手。如果一定要选一个舍弃的话，搞不好舍得了的还是小米。

2014

中国股市的逻辑

（最高点 3239，最低点 1974）

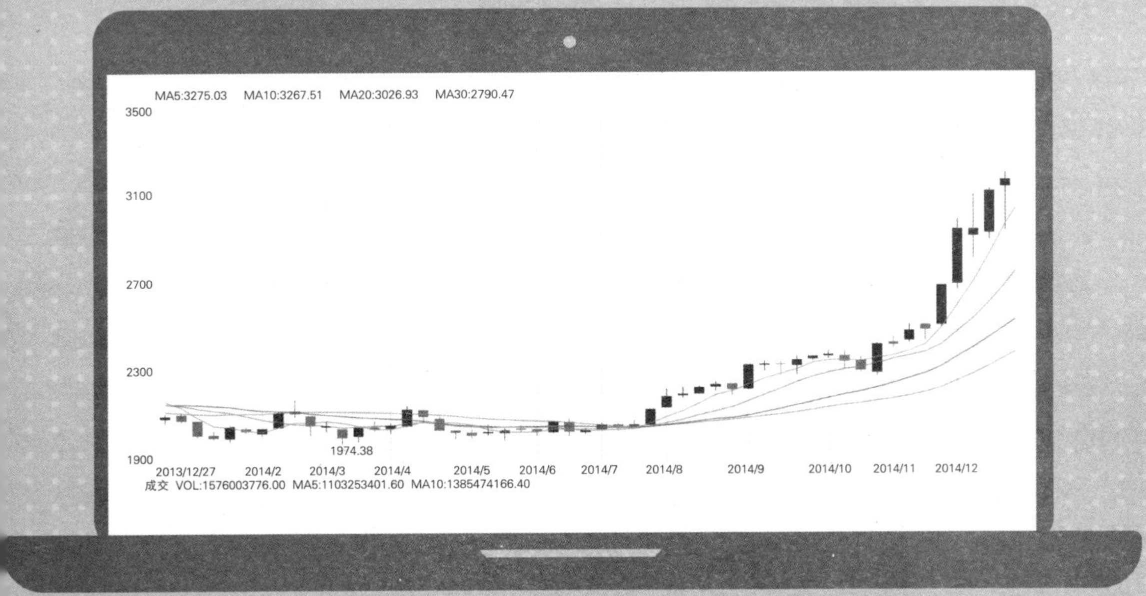

中国股市还有逻辑吗？金融危机以来，中国股市熊冠全球。有意思的是，这次金融危机的起源地——美国，股市倒是走了一波五年的大牛市，如今早就已经创出了新高。这样的对比，让看不懂中国经济的专家再一次看不懂中国的股市，再斥责一通“中国股市如赌场，甚至连赌场都不如”。

不曾想，就是在2013年，股市探明了1849点的历史大底，开始了一波后来被称为“杠杆牛”的大涨行情。2013年的主板市场依旧运行于低迷状态，和主板低迷不同的是，创业板从年初的717点一路上涨，直到年底最高1424点，翻了一番，基本实现了许小年设想的“推倒重来”。只不过，推倒的是主板，重来的是创业板。

面对一大堆的小公司，我完全不能理解其业务和增长模式，陷入被推倒的绝地，却没有享受重来的快感。2014年是令人开心的一年，主板市场终于承接创业板的接力棒，在创业板喘息的时间里见缝插针地涨了半年，涨幅达到了50%。而“中国梦”口号也让股民以为会有一个股市上的“牛市梦”，于是沉寂4年之久的股市再度被激活。

大涨的国内股市似乎不仅摆脱了关门的命运，还有开门迎客的味道，如沪港通就在最高领导人的关注下开始运作了。那么中国的股市是否已经开始自我救赎了呢？更进一步，我们如何才能理解中国股市过去20年的历史逻辑，以及可以对未来抱一种怎么样的期待呢？

这些问题被《证券时报》的编辑们注意到，并发起了征文。以此为契机，我全面思考了自己将近20年的投资经历，做出了下面的总结。实际上不光是我，从庙堂到江湖，我们对资本市场还是太陌生了一点，迫切地需要认真理解“中国特色的股市”，才能在未来的经济增长中充分利用资本市场的力量，实现中华民族的复兴宏愿。

中国资本市场的地位要在整个中华复兴伟业中才能理解

中国资本市场从无到有，一直在国家力量和市场力量之间的博弈中成长，一如中国的整个市场化经济体制改革。总体来说，这是一个国家力量不断减少，市场力量不断壮大的过程。当然，这个过程并非单调函数，我们也能在历史的某个时点或者在某些行业，看到“国进民退”的现象。

为什么中国的经济会首先建立一个国有经济体系，而后又会出现从国有到民营的蜕变呢？现有的理论研究和案例分析已经非常充分，大众比较熟悉的研究者如林毅夫和吴晓波，一个是经济学家，告诉我们中国为什么会选择重工业优先的发展战略，从而构建一个管制型经济体系来达到这个发展战略的目标。另一个是财经媒体人，通过大量的案例告诉我们过去100年来中国的企业家究竟为了什么在奋斗，而最终的结果又为何是如此。这两类人的工作，都给我们描绘了这样一幅发展路径图：为了富国强兵，在国际上摆脱弱国受欺压的窘境，不止需要政治人物为代表的国家力量，还需要以企业家为代表的市场力量，从一开始就把发展重工业、赶超列强、建立独立的先进生产体系作为目标。于是从20世纪80年代开始了市场化改革的进程。

所以我们现在所看到的股票市场，就是为了配合这个市场化改革而设立的一个试验场。我们要理解，中国股市的运行逻辑也不得不从这个大背景出发。所谓“中国的股市”，首先是股市，股市的规律自然也就适用于它。很多人看到了中国股市的运行结果不同于别国股市，就断言中国股市不是股市，其逻辑无异于“白马非马”。其次，它是“中国特色”的股市，所以在一般性股市规律的基础上还有中国特色。这或许值得我们特别关注。

为什么相对于发达国家，中国股市不追求“投资价值”

很多人否认中国股市的原因是：大部分中国股票股息率极低，大部分中国股民也不在意股票分红。所以有人说，中国股市就是一个赌场。因为我们如果不能从股票分红中获得收益，那么从整体上看，中国股市就成了一个零和游戏，那不就是赌场吗？于是这个问题就成为我们理解中国股市的逻辑起点——为什么中国股市不追求分红回报呢？

有人认为，这是因为中国人特别好赌。我没有看到有什么统计数据证明这个说法。退一步，假设这个说法成立，那么为什么我们也可以观察到，其他发展中国家的股市也有回报率不高的问题。难道人的好赌是随着收入水平上升而下降的吗？

也有人说：这是中国政府的税收政策导致的。因为分红会被二次征税，上市公司被征收一次利润税，股东拿到股息会被第二次征税。这样的机制设计当然抑制了上市公司发放股息的冲动，但这会是他们在现阶段不分红的理由吗？假设我们的股民投资股市就是为了获得股息，那么不管你是二次征税还是三次征税，只有当税后的股息率高于别的投资渠道的回报率，他才会买股票，反之，他就不会买。现实是：大部分的中国股民不在乎公司的股息率，所以即便财政部对股息免税，这些人也不会在乎，就好比股息提高10%，买全通教育的人会转身买工商银行吗？

看起来，以上的解释都不足以让人满意。其实我们还能注意到，一个社会里每个人的风险偏好是不一样的。有些人喜欢风险，他们去了澳门一定会进赌场，尽管他们知道平均而言进赌场就是输，但他们还是会去。另外一些人不喜欢风险，他去了澳门，就在大三巴拍照片，就算赌场送他们30元赌资，他们也不愿意进。当然，大部分人位于这两类极端人群之间。

股市的收益率是波动的，这有别于银行存款。也就是说，任何国家的股市都是一个纯粹的赌场和纯粹的银行存款的混合体。在一个原先没有股市的国家，慢慢地培养出一个股市来，就需要有一个吸引股民入市的方案。想象一下，我们把所有人按照风险偏好排个队，就可以看到由高到低那么一长溜。那么我们的股市会首先吸引这一长溜队伍中的哪些人入市呢？

很显然，制度设计者有两个可能的选择。一个方法是首先把最不喜欢风险的人吸引到股市里来，然后逐步扩大，慢慢让那些喜欢风险的人跟进来；另一个方法是反过来，首先吸引最喜欢风险的人来买股票，然后慢慢扩大队伍，让不怎么喜欢风险的人进入股市。

如果选择的是第一个方案，那么最早上市的公司应该是那些收益特别稳定，而且分红非常优厚的，否则最不喜欢风险的人不会来买股票。然后慢慢地，我们可以让那些效益不好的公司上市，由于他们的分红低于原先已经上市的公司，那么他们想要顺利上市融资，就需要给股民特别活跃的股价波动，以便形成一个类似于赌场的效应。我们可以在成熟国家看到多层次的资本市场，其实就是为了适应不同风险偏好者而存在的。

那么实际做法是什么呢？我们采用了第二种方法，整个过程就恰好相反。这样的方法在股市开始阶段吸引到的是最喜欢风险的那些人，他们手里的资金首先从银行转入股市。随着股市慢慢地扩容，逐步进入的人的风险偏好度是慢慢下降的。所以越早的上市公司派发股息的冲动越低，因为他们面对的是最喜欢风险的股民。只要股价波动大，他们就会高高兴兴来，他们进入的目的是博取股价的价差。但是越后进的股民越不喜欢风险，所以在越成熟的股市里，上市公司派发股息的动机就越强。因为他们面对的股民，其平均风险承受力远低于刚刚起步阶段的股市股民。

这样的发展路径选择是和中国整体的现代化进程相适应的。我们上面讲过，19 世纪以来的中国现代化是为了富国强兵，改变国际地位。

而我们的政府相信，富国强兵需要政府掌握“关乎国计民生”的企业，这就形成了一个国有企业集团。我们一开始利用股票市场的出发点，就是为了给国有企业融资。把效益最差的企业抛向股市，居然可以卖个好价钱，这样获得其风险性溢价，是最合算的事情。

于是，中国股市就形成了这样一个所谓“不成熟”的市场。不是中国股民喜欢股价波动胜过分红，而是股民的一种赌博心态，中国股民还是全部中国人中的一小部分，他们代表的是中国所有老百姓中比较“好赌”的那些人。如果希望中国股市成熟起来，那么就不要期待把国民中最好赌的人教育成不好赌的人，而是应该通过股市资金的扩容，把那些不喜欢风险的人也拉进股市来。这样平均而言，我们股民的风险偏好度就会下降了。

那么哪一类资金是风险偏好度最低的呢？就是我们的养老金，这是最长线的资金，也是最厌恶风险的资金。现在中国的养老金忍受着每年贬值2%~3%的成本仍然不愿意涉足中国股市。政府可以考虑一下，如何才能促使上市公司股息率增加，以至于能够让中国养老金觉得进入股市是合算的。因为中国的上市公司中有一大部分是国有企业，而中国的养老金管理权也掌握在政府手中，所以中国政府在这个问题上是大有作为的。

因此，对社会上讨论了好几年的养老金入市问题，我们的建议是：养老金入市要和提高股息率匹配起来。把我们的国有股股份划拨到养老金基金里，让养老基金作为大股东，要求上市公司做出高股息率的承诺，如80%的利润分红持续10年。这样，就会在整个股市里树立起一个真正值得投资的蓝筹股标杆，引导社会上风险厌恶型的资金逐步入市。我们的股市扩容才能越来越顺利，金融市场支持实体经济的目标才能比较容易实现。

为什么要把国有股权划拨到养老基金

我们提出的建议中，最关键的是养老基金入市，而这又是和国有股权划拨联系在一起的。为什么呢？因为有什么样的人参与市场，就有什么样的市场特征。国资委和养老基金对资本的风险偏好是不一样的，对流动性的要求也是不一样的。

上市公司的分红政策是一个公司内部决策问题，证监会并没有权力去决定，即便有行政权干预，因为只能是“一刀切”，最后的效果也不会好。公司可以分红，也可以不分红，因为至少有两种可能让它有不分红的理由：一个是不好的情况，如管理层或者大股东希望能够隐匿盈利为己所用，很典型的例子就是四川长虹，20 世纪 90 年代它积累了大量的利润，但就是不分红，结果在某一年突然通过不正常的利润转移，一下子全部亏损完毕，卷走了将近 40 亿元；另外一个是好的情况，如公司盈利的前景非常好，希望把利润留存用于扩大再生产，如微软在发展的早期也有很长一段时间不分红，结果它成了世界上首屈一指的大公司，这样的公司如果要求它早期分红，那么它就不能有后面的成就了。

中国的经济正在经历高速增长，这是毋庸置疑的。从这一点来说，中国的公司有理由将现在的利润留存，用于扩大再生产；而我们现在的制度还在不断完善，还有很多的漏洞，它们可能会给不好的公司管理层提供侵吞股东利益的机会，这也是客观存在的。既然好的和坏的可能性都存在，我们就没有办法“一刀切”进行强制性分红。

最近几年媒体上对“养老金入市”这个问题的争论，正方、反方针尖对麦芒，争论非常激烈。正方观点是以美国股市为参照物，如果我们的股市也能像它一样带来稳定的分红，那么引入养老金是有利于股市的长期向上，也能够给养老金本身带来丰厚回报的；反方观点则是基于目前中国股市不分红这个特点而言的，显得相当正确。但这两者都是典型的静态观点。不同的参与人会决定不同的分红政策，养老金代表着一大批风险厌恶型资金，如果它们不入市，那么市场中的参与者都是风险喜好型，就没有动力去要求上市公司分红；如果养老金入市，那么市场参与者的风险偏好结构就会发生转变，给上市公司的分红压力就会增加。

假设我们现在允许养老基金持有工商银行的绝对多数股权（这可以通过让养老金在二级市场买入，也可以通过将原来国资委的股权划转实现），而养老基金需要每年提取若干资金用于养老支付，那么它就会要求工商银行转变分红政策，加大分红比例。假设工行按照80%的比例分红，那么以现在的7倍盈利率，它的股息率应该会在12%，远远高于银行存款利率。如果能够承诺10年内不改变这个分红比例，差不多就能收回全部的投资成本。那么对于风险厌恶型资金来说，目前工商银行的股价提高100%~200%都是合适的。也只有从这个角度看，我们目前的A股市场才可以说的确是太便宜了！当然如果养老金入市，投资于一些具有很高成长率的小公司，也可以选择不分红政策。这并非什么坏事，实际上反而有利于培养“中国的微软”。

总之，如果我们希望吸引类似养老金的资金到股市中，那么平均来说，上市融资者就必须给予它们一个较高的分红率。而要保障这个分红的权利，就必须在一开始给予养老金一个大股东地位。这种改革在中国并非难事，因为无论是国有股权还是养老基金，都掌握在政府手里。把国有股权划拨到养老基金手里之后，就可以让其具体决定对某一个公司要不要分红，分红多少。所以，与其争论养老金“应该不应该”入市，还不如问一问：养老金等风险厌恶型资金“会不会”入市，入市之后，它们在公司分红政策方面的权利如何通过法规得到保障。

而这样的改革最终也能容许政府继续扩大直接金融市场，把更多的国有企业在股票市场上变现，形成混合型企业。给融资者以更多的分红激励，对投资者的权利加以保障，才会促进融资和再融资的开展。市场交易是需要双赢的，也只有双赢的交易才会得到长久的贯彻和施行。

举个很简单的例子：如果一个5倍市盈率的公司不分红，那么它红利转股也就是扩大了20%的股本。如果它愿意分红，那么现在资金平均回报率只有4%的风险厌恶型资金，就会考虑以最高25倍的市盈率价格来购买这家公司的股票。这时如果公司还是要按照20%的幅度扩容的话，它能够融资的数量将会是原来的5倍。而这个25倍市盈率是需要新的风险厌恶型资金来实现的。因此我相信，养老金入市和分红回报制度的建设是相辅相成的，并没有一个先验存在的完美制度，然后才有养老金的入市；也不能让养老金入市而不让它有改变公司分红的权利，从而变成砧板上的肉，任人宰割。制度是参与者建立的，有什么样的参与者结构，就会有什么样的制度。

2015

巴菲特应该向我学什么

（最高点 5178，最低点 2580）

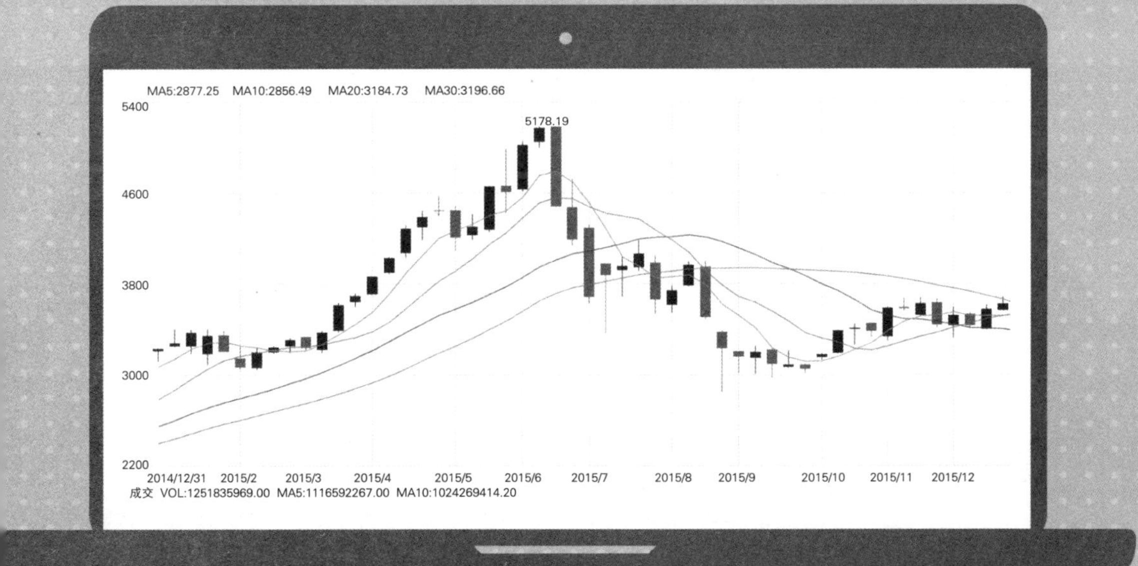

2015年的中国股市，后来被称为“杠杆牛市”。主板市场，以上证指数为例，达到了5178点的高点。而创业板更加厉害，最高点4037点，是最低点585点的将近7倍，超越了当年主板在2007年创造的6倍牛市。于是全国股民再次狂热，连沈老师都喊出了：“巴菲特应该向我学什么?”——不过，这个你真的没有看错，我可不是“标题党”。

巴菲特大名鼎鼎，好像市面上所有的投资者都在问一个问题：“我们应该向巴菲特学什么?”不光散户这么问，连国内的投资“大佬”也这么问。去新华书店财经类图书的书架看一看，好像不说点儿如何学习巴菲特的价值投资理论，都不好意思出版。

那么我想问一个最基本的问题——巴菲特的成功表现在什么地方?

不少投资者可能一看这个问题，会觉得傻得不愿意继续阅读下去了。对他们来说，巴菲特这样的世界级股神还有什么好质疑的呢? 那么正好，您慢走，我不送。因为一个不会独立思考、不会对表面现象发出疑问的人，不会是一个好的投资者。连这样一个基本问题都不敢问的人，不适合投资风险性很高的股市。

有人认为：巴菲特的投资收益率很高，要不然怎么能称得上是股神呢? 那么我们来看看巴菲特的投资收益率到底如何。很幸运，他的投资都反映在伯克希尔·哈撒韦公司的市值上，因为这家公司从来不分红，所以连麻烦的复权工作都不需要，直截了当拿股价就可以说话。

我们要对比的时间段就是从2007年12月底到2015年，差不多10年。这10年是世界经济陷入困顿的10年，起于美国的次贷危机，演化为世界经济危机，使得欧洲出现债务危机，石油输出国出现经济危机，最惨的如委内瑞拉，政府都还在悬崖边单腿站立着。

在这么糟糕的经济情势下，巴菲特的伯克希尔·哈撒韦公司的投资收益 10 年间大致上涨了 1 倍。在经济危机大背景下取得翻番的收益，是不是可以为他的世界级股神地位做注脚呢？未必！

因为如果你是一个投资菜鸟，很不识时务地在 2007 年美国次贷危机爆发之前买入了美国股票，那么恭喜你，你做对了！！

美国股市以道琼斯股票指数为例，2007—2015 年居然上涨了！涨幅还不小，接近 70%，年化收益率 5.5%。也就是说，即便你对什么股票好、什么股票坏一概不知，还在次贷危机爆发之前这个最糟糕的时间买入，都不会让你倾家荡产。你和世界级股神的距离只有 25%，不是每年 25%，而是 10 年相差 25%，每年只相差了 1.5 个百分点！这么说起来，巴菲特到底有什么神奇之处呢？

更加要命的是，如果巴菲特想和一个中国菜鸟比一比投资收益率，那么他需要把自己的美国资产换算成人民币。而在 2007 年到现在的 10 年内，美元相较于人民币的汇率下跌了大约 10%。这就意味着，用人民币计算伯克希尔·哈撒韦公司的股价，过去 10 年的涨幅只有 80%，年化收益率大约等于 6%。

这还算是世界级股神吗？这不正好是过去 10 年来中国的无风险收益率吗？你什么也不用做，每年买一点理财产品（一般来说差不多是这个年化收益率），刚刚好能成为世界级股神。稍稍岔开一点——现在可以理解中国不少上市公司买银行理财产品的原因了吧？他们可不就是想成为“中国巴菲特”吗？

所以我才说，我真不是“标题党”，投资市场成王败寇，巴菲特的的确确应该向我这个中国菜鸟投资人学习——怎么可以这么轻轻松松就把钱赚了呢？套用巴菲特自己的一句话：这是因为生在了一个伟大的国家，又生逢其时，处在了一个伟大的时代，中国高速的经济增长导致了那么高的投资收益率!

或许有美国股民不服气了，为什么不把中国投资者在中国股市上的收益率拿出来和巴菲特的做对比呢？怎么可以拿银行理财产品收益率和巴菲特的股市投资收益率做比较呢？

首先，这样的对比并无不妥。因为巴菲特也会空仓，他在美国次贷危机之后能够“买买买”，就是因为他在次贷危机之前嗅觉灵敏，闻到了危机的味道，保持了很高的现金比例。而他之所以不能全部空仓，实际上是因为次贷危机之后美联储放水，导致其无风险利率走低，接近于零，根本无法保证投资正收益。如果他面对一个像中国投资者所面对的那么高的无风险收益率，很难相信他不会把钱拿去买理财产品。

其次，如果规定中国投资者不能买理财产品，只能投资中国股市，那么我们也要来看看中国股市的基准收益率是多少？很不幸，2007 年以来的 10 年，中国 A 股市场给投资者的回报居然是负的。我们拿沪深 300 指数作为参考，10 年来下跌了 30%，年化收益率是-3.5%。

所以，如果你是一个中国的 A 股投资者，你的年化收益率能够跑赢沪深 300 指数 1.5 个百分点，也就是每年亏损幅度在 2%以内，你就已经达到了巴菲特的水平。在中国相对于中国股市基准获得的相对收益，和巴菲特在美国相对于美国股市基准获得的相对收益率一样。这个比较还不够公平吗？那么其他绝对收益率的差别呢？套用一句我小时候看的电影里面的台词：“不是国军不行，是共军太厉害。”那是中国股市的错，不是你我无能，对吗？

实际上，巴菲特并没有被强制满仓操作。所以，他的伯克希尔·哈撒韦股价上涨，反映的是整个公司资产的增值。而对于广大中国小股民来说，也很少有人把全部的家庭财产都投资在股市里。一般来说，一个中国菜鸟级别的股民认真算算账，就会发现家里的主要资产是房子，尤其是一二线的大城市居民，而股市投资额只占到一般家庭的一二成而已。这意味着，在过去 10 年，中国居民的资产整体增值幅度远远跑赢了巴菲特，因为这10年的房产价值至少增加了三四倍。

最后回到标题的问题：巴菲特应该向我学什么呢？2006年德国波恩大学经济学博士毕业，我一刻没耽误就回了国。他应该向我学习的第一条：10年前就投资中国！

2016

中国证监会的非市场化使命

（最高点 3538，最低点 2638）

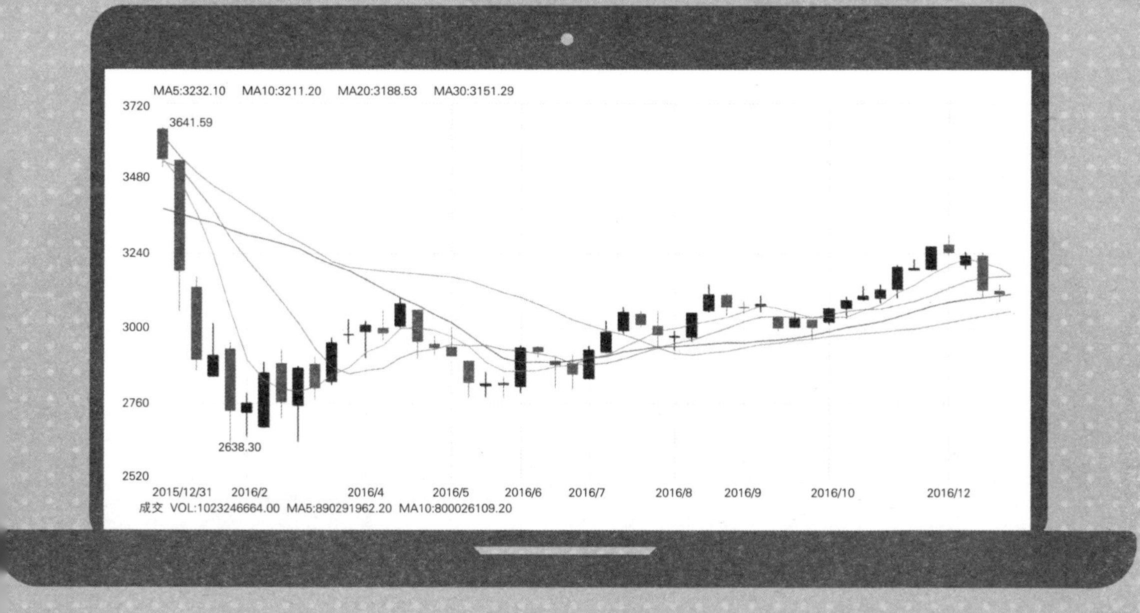

2016年1月7日，中国股市创造了2个纪录：最短的交易时间和最短的制度实施时间。由于熔断机制的设定，1月7日开盘不到半小时，A股市场就收盘了。于是整整一天，网络上充斥着各种各样的段子——因为大家都无事可干了嘛！

也由于四天四次熔断，市场流动性几乎枯竭，各大公募基金首当其冲。相信证监会受到了强大的舆论压力，我一直关注的几档财经节目的主持人都一改以往的温和口吻，几乎用质问的口气在电视里质疑和声讨起证监会来。这在中国还是极少见的。好在证监会深夜发布了暂停熔断机制的公告，算是顺应民意。

作为股民，我其实关注前一个“最短”胜于后一个“最短”。因为有20多年交易经验和教训的老股民，都知道这样的熔断机制并不可怕，即便证监会坚持不取消，我相信市场也会在未来的几个交易日做出适应。而我早就在第一个熔断未到之时，就清仓观望，等待将来的机会了。所以我相信，对于大部分的交易者来说，像这样夜半鸡叫式的“改变制度”是个孤例，适应制度是常态。

但是作为一名经济学者，特别是作为一个把制度作为研究对象的人，我更加感兴趣的是后一个“最短”。证监会的公告里说得明明白白：这个制度事前是广泛咨询意见的，为什么大家事前并没有料到会有这样的结果，而事后把责任一股脑儿全部推到了证监会身上呢？

这是一个很有趣的话题。我一直关注的电视上的几个股评家，他们的口头禅是：“这个事情我上周就有预料。”但实际上，新年伊始的四个熔断，恐怕出乎所有人的预料，并不仅仅是证监会。所以我想，从这件事情中可以吸取的教训，绝不仅仅是一个熔断机制，而是证监会在未来推出新制度时，应该有一个怎么样的合理的吸收民智的程序。

中国证监会应该算是各大部门中“海归”精英最多、平均学历最高的部门之一，他们大部分熟悉海外先进市场的实际情况。但是学习借鉴别人的经验，真的不能照猫画虎，照搬照抄，而是需要从理论机制上理解一个制度得以实现的边界条件。如果不能够找到边界条件，直接copy（复制），就好比把姚明的投篮姿势直接复制到我身上，我是一定投不进篮筐的。

现在，历史上最短的熔断机制已经断了，过去了。

作为交易者必须清楚，熔断机制并不是这几天下跌的主要原因，它无非是把下跌演化到了极致。当一切恢复到正常轨道的时候，交易者应该清楚，正常轨道是一条什么样的轨道。

而政策制定者必须清楚，征询意见的过程是如此重要，不能为了实现已有的想法找几个所谓的专家草草了事。如果是那样，最终制定出来的政策还是经不起时间和实践的检验。而实践才是检验真理的唯一标准。

熔断事件以后，我国参加了瑞士的经济论坛。证监会副主席在此前一天说，政府应该适当减少对股市的干预，让它自由波动①，于是国内的A股就大跌超过3%……其实把领导讲话武断地和股市的涨跌联系在一起是不公平的，A股再不像一个自由市场，也不是唯领导讲话是瞻的，因为它还会受到其他因素的影响。

但是我们发现，其实官员对A股也未必就是一条心。有些官员可能更加倾向于容许股票随行就市，少干预价格的波动，“海归”官员尤其如此；但还有很多官员认为，中国的股市有中国的特色，政府不可能

① 在达沃斯论坛，证监会副主席方星海接受CNN采访时表示，全球应该习惯中国市场的高波动率。他表示，中国监管者计划减少对市场的干预，让市场更为自由地波动。一文看懂证监会副主席方星海在达沃斯的发言［EB/OL］. 网易财经，http：//money. 163. com/16/0121/19/BDSL3PEL00254TFQ. html

像发达国家一样对股市有那么大的容忍度。所以我们看到，我们不光是有涨跌停板的制度，监管当局还试图给股价设一个幅度更加小的熔断制度。监管当局有了一个非市场化的使命。

认为我们的市场有特殊性，不是一般的自由市场，所以特别需要政府的管制，这样的观点其实并不新鲜。应当说，从改革开放伊始，政府官员对市场的态度就基本上是这样的。不谈股市，我们看看房市、能源市场、劳动力市场等，也充斥着这样的观点。其实在20世纪八九十年代，我们还没有开放商品市场的时候，政府对待瓜子市场都是这样的。这可以看看年广久的经商经历。

这样的观点也不是完全没有道理的。因为经典教科书里的自由市场其实并非天生，而是由政府界定了一系列制度规范，才能合理有序运行。例如，商品市场就需要由政府来规范商品质量，如果我们的政府对假冒伪劣的商品听之任之，竞争就会“优汰劣胜”，最后整个市场无法有效运行。但是打击假冒伪劣商品本身是一个公共物品，私人很难有动机去提供这样的服务，所以政府的作用非常重要，不可或缺。

同理，股票市场也离不开政府的监管，也需要政府建立一个打击假冒伪劣的制度。政府除了建立市场规范，还需要借用这个市场把手中已有的股票卖出去，这就是国有企业的股权。麻烦的是，还不能把这个股权卖得太便宜，否则又会有“国有资产流失”的风险。

如此说来，中国政府天生就是“裁判员+运动员”。那些呼吁中国政府像美国政府一样不干预股市价格的人，一定是没有理解这个基本的假设前提条件。所以我们曾经请过香港证监会的官员来领导内地的证监会，但结果还是水土不服。

依我看，中国经济的未来和证券市场的走势紧密相连。我国的经济增长需要万众创新，而创新需要资本市场的支持，美国就是一个极好的例子。我们的国有经济需要向混合制转型，而这也需要借助资本市场，让国家手里的股权有一个退出的通道。我们的社会福利制度需要完善，巨大的养老医疗教育需求就像是一个“定时炸弹”，政府压力极大。而这个需求其实可以通过国有股权的变现来轻易解决，前提依旧是需要一个健康向上的股市。

所以，政府监管部门不可能不对股价有所期待。所有以上事项都必须在一个价格上涨的环境中才能实现。股价下跌，IPO 停顿，只会延误经济增长的机会，也会耽搁经济转型的契机。这就是中国证监会的非市场化使命。

2016 年对我来说，最重要的事情倒不是什么股市熔断机制，而是把儿子送出了国，并且“赚到”了 100 万，这远胜于股市投资收益。

我 10 年前回国的时候，儿子才上小学二年级。他在本地一所很优秀的学校上学，这当然要归功于我的远见卓识，早早就买好了学区房（此处省略 500 字，全是骄傲自满的文章！）。但即便是这样别人挤破了头都未必挤得进来的重点学校，我们还是不太满意。不久，我太太就和孩子的班主任吵翻了天，这当然又要拜我这个“海归”丈夫所赐，我整天灌输她德国的教育理念，我太太耳濡目染。

我们和班主任不睦，并不是因为她不敬业，而是因为她太“敬业”了。每次孩子的作业都不能在晚上 9 点前完成——这是我们规定的上床睡觉时间。怎么办？我们给老师写了一封信，请她原谅，因为我们不认为这些作业比孩子的睡眠更加重要。于是老师把我们叫了去，义正词严：你们家长这么不负责任，以后我也不管你们的孩子了！

不管就不管吧，我们倒也不太在意。但是让我们在意的事情还是发生了：儿子在班长竞选中成功获得多数选票，居然被这个很负责任的班主任一声不吭废除了！原因不明，但是我以小人之心度之：她一定不愿意看到我们这种家庭出来的孩子成为班长，从而来破坏她教育祖国花朵的伟大工程。愤懑之余，我写了一篇文章《儿子的胜选》，发表在《中国青年报》（2009. 11. 2），现在大家都还可以在网络上搜索到这篇文章。

我说上面这两件事情，其实是想纠正大家心里的一个误区：中国的基础教育还是不错的，差是差在高等教育。回国 10 年，从我个人的眼光中，并没有看到我们的基础教育有多好。秉持上面这样教育理念的小学教师遍地都是，哪怕有些反感这样教育方式的教师身在其中也无可奈何，只能随波逐流。这样的基础教育很难教育出具有创新精神的孩子。

所以，我对儿子语重心长：别太在意那些教条，咱们不能成为老师标榜的升学率小数点后的第二位数啊!!

那么以后高考怎么办？大学没得读怎么办？我回国 10 年任教于两所“211”大学，国内一流的大家争破了头的“211”大学放到世界上，不过就是前 1000 名的水平，和北大、清华差不多水平的国际大学，至少有 100 所。现在出国容易，选择面比我们小时候不知道广了多少倍，怎么会在祖国经济大力增长了 30 年之后，我们孩子教育的选择反而更少，教育机会的竞争反而更加激烈了呢？这在逻辑上是说不通的嘛！所以，我一直觉得这是一个自欺欺人的伪命题。家长孩子的焦虑，有时候或许只是一种幻象，也许来自对唯一孩子的期望值的变化。即便我们的孩子比我们当年拥有更多更好的教育资源，我们还是觉得不满足，永不满足，仅此而已。

最后一个话题，躲不开钱。出国念书，花钱不少。真的吗？至少对中国大中城市的家长而言，这似乎应该不是一个很难解决的问题，这要拜祖国 40 年经济高速增长所赐。

首先，如果你计划送孩子出国念书，那么你平时那些奥数补习班的费用都可以节约下来了。我孩子义务制教育 12 年一分补习费都没有花，当然成绩也不顶尖。我算了一下，如果每年补习费 2 万元的话，年息 5%，12 年下来应该有 32 万。按照当下的汇率，已经差不多 5 万美元，可以顶得上一年的费用了吧？

其次，在国内念书并不是不花钱，一年如果学费、生活费加起来也需要 5 万元左右，而一般来说国内大学生不打工。如果家庭条件不好的孩子出了国，把 1/3 时间节约下来去打工，一年收入 10 万应该是不成问题（我自己的经验）。如果能争取到奖学金就更好了。这样的话，国内念书相较于国外念书的机会成本实际在 15 万元人民币，也就是 2 万多美元。

最后，现在国内的学区房那么热门。孩子出国之后，你把学区房换成非学区房，套现其中学区的价值，当然这取决于你的具体情况，高低不等。假设能够得到 50 万元，分摊到四年时间里面，每年也可以补贴孩子 12 万元，也有接近 2 万美元了。加上上面提到的机会成本 15 万元，如果不是特别贵的私立大学应该都够了。

如此算下来，孩子在国外大学的费用七七八八也凑齐了。最重要的我还没有说：国外大学好些都是不要钱的！比如德国大学就是对全世界的学生免费的。

你花一年时间学一门德语，就可以省下差不多 100 万元的留学费用，就可以多争取一个机会，不参与国内激烈的高考竞争。

2017

原来亏本都是假装的

（最高点 3450，最低点 3016）

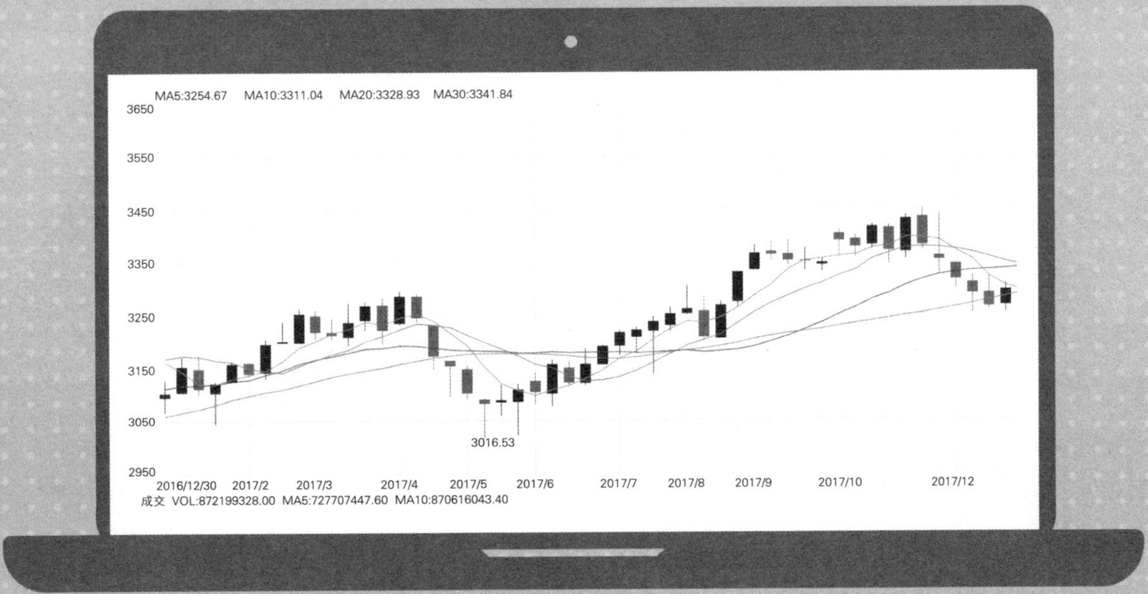

这几年来，一直有个新名词困扰着我，就是比特币。有不少人把它和互联网金融、区块链和P2P（点对点网络借款）联系在一起说，让我这个当年对《大学物理》和《Pascal语言》极其恐惧的浙江大学优等生摸不着头脑。可是偏偏有不少人街头巷尾地议论这些时髦的概念，听上去比我懂得多了。这个现象我倒是没少见过，当年在学校里的时候，我就发现那些上课下课滔滔不绝、神气活现的同学，考试时成绩往往和我差着几个数量级。所以，能说会道并不等于他有东西说道。当然，他没有东西说道，并不妨碍比特币在2017年底攀升到历史性高点——差不多2万美元。

经济学家说不清楚这些虚拟货币的价格走势，甚至连它们的技术细节也搞不清楚，所以没有什么大牌的经济学家愿意站出来评论这些事情。我就更加不敢对这样的高新技术加以评论。但是我是教经济学的，对货币的基本常识我还是有的。所以我不知道“比特”，但可以知道它是不是一种“币”。

首先，据说比特币的总量是恒定的。不少人认为，这是电子货币能够摆脱现在纸币不断贬值的一个重要特性，也是一个创举。其实这并不是什么创新，这个世界上不少东西都是总量恒定的，如齐白石的画。但是齐白石的画可以因此作为货币吗？不能。

货币最重要的功能是作为交易媒介，所以要求它的币值稳定，既不能急速贬值，也不能急速升值。有人告诉我某某地方接受比特币支付了，我一律嗤之以鼻。因为在比特币的价格据说半年就会涨10倍的当下，没有人会真的大规模用比特币来买咖啡。而比特币的总量恒定，实际上是和它被大规模接受为交易媒介相互矛盾的。这不需要知道电子技术细节，需要的只是本科一年级的经济学原理知识。

现代经济体制的一大创举，就是法定货币用纸币代替了自然实物货币，如金、银。要知道，金银也可能在短时间内出现总量恒定的性质，一旦出现经济大发展或者大萧条，总量恒定的金银立刻就会变现为通货紧缩或者通货膨胀，从而给市场交易带来麻烦。反之，在经济未曾有激烈变化的时候如果出现了金银矿产的大发现，也会导致通货膨胀，干扰经济运行。用纸币代替了金银，就可以让货币的发行数量比较稳定地和经济增长保持一致，从而真正稳定币值。

所以，货币总量不变并不是一件好事情，甚至可以说，货币一定不可能是总量恒定的。因为经济增长会导致总量不变的货币变得越来越值钱，一旦大家认识到货币越来越值钱，就会把它储存起来，退出流通领域。一旦大家发现流通中的货币在减少，导致通货紧缩，就会加速货币的升值和退出。到最后，大家为了交易的方便就不得不寻求一种另外的交易媒介，于是新的替代货币就会出现。

其次，齐白石的画很贵，但是为什么没有涨到天上去？很多人没有意识到，虽然齐白石的画的总量是恒定的，但是漂亮的国画是可以被源源不断地生产出来的。齐白石的画价格上涨，就会有人退而求其次，买“齐黑石”的画，一旦“齐黑石”的画价格也高高在上了，就会有“齐红石”“齐黄石”一个个冒出来。所以，现在也有很多种类似比特币的电子货币冒出来。从这个意义上说，这类电子货币的总量并不能保持恒定，不仅不能保持恒定，甚至会比现代政府发行的纸币更加不可控。因为没有人知道有多少个发行主体，没有人能够对这样的类似产品质量进行背书，或者说，这些发行个体的背书信誉远不如中央银行。因此，到时候只会导致混乱，干扰经济运行，而不会像某些站台讲师说的：“这类东西是解救纸币贬值的灵丹妙药。”

所以，愿意参与这类交易模式的投资者们，最好先到各大学的经济学一年级课堂上蹭次课，听听荷兰郁金香的故事，那里的老师真的不收费。

那么，2017 年的中国股市，整体表现如何呢?

这个问题不是很好回答，因为在 2017 年，出现了很少见的“二八分化”。如果我们用上证综合指数来回答问题，那么答案是小幅上涨，略有盈余。因为整整一年，上证指数从 3105 点上涨到 3307 点，合计上涨不过才 200 点，涨幅 6. 56%。

如果投资的是绩优大盘蓝筹股，如贵州茅台、中国平安、工商银行等，那么你的收益会远远超过 6. 56%的比率。这时候对你来说，或许上证 50 指数才比较适合反映投资状况，而这个指数在 2017 年上涨了 25%，从年初的 2285 点上升到年底的 2860 点，可谓一波气势如虹的大牛市。

当然，如果买的是创业板，那么又是另外一番情形了——它下跌了整整 10%!

所以这时候会出现一个问题：在谈论股市的时候，我们应该选用哪一个指数才更加适合呢? 如果我们听股评，绝大多数的股评家在谈论中国股市的时候依旧会选用上证指数，而谈论美国股市的时候，说的却是道琼斯指数。这两者是一对可以类比的指数吗?

上证指数是把在上海证券交易所交易的全部股票的价格按照总市值为基础，加权计算的一个平均数。所以目前来说，它代表了全市场大约 1500 只股票。而道琼斯指数则不同，一般而言，道琼斯指数是指 4 个指数：工业指数仅仅包含了 30 家大型工业金融企业；运输指数选取了 20 家运输公司，如铁路、航空、公路公司；公用事业指数则是 15 家电力煤气公司；最后，综合指数是上述 65 家大企业的平均数。所以，如果我们要比较中国和美国的股市情况，比较道琼斯综合指数和上证 50 或者沪深 300 指数，才比较有道理。

另外，道琼斯指数是一个算术平均数，也就是说，这 65 只股票的权重是一样的。而我们的上证 50 或者沪深 300 都是以流通市值为权重基础的加权平均数，大公司的权重大，小公司的权重小。上证综合指数则是按照总市值计算权重的。

以中国石油为例，它在 2017 年 11 月 5 日上市的时候，才发行了 30 亿股，但是总股本却有 1619 亿股，股价是 48.6 元；当时的贵州茅台总股本是 9.44 亿股，流通股差不多有一半，是 4.08 亿股，股价大约为 170 元。

所以按照上证指数的算法，中国石油是一家总市值接近 8 万亿元的超级大公司，而贵州茅台当时的总市值才不到 1700 亿元，差不多等于中国石油的 2%。这时候，如果中国石油跌 1 元钱，贵州茅台要涨 50 元，才能大致抵消其影响。而实际上中国石油到现在才 9 元，跌了 40 元！怪不得上证指数到现在还不到 3500 点，远远没有恢复到 10 年前的 6124 点！

那么如果按照道琼斯的计算方法呢？算术平均很简单，2017 年是大约 110 元，现在呢？茅台 700 元，中国石油 9 元，平均就是 355 元！所以如果按照道琼斯的计算方法，10 年来我们应该涨了 3 倍多，2007 年是 6124 点的话，现在应该是差不多 2 万点！

那么哪一种指数对散户来说更加有意义呢？上证指数的意思是，如果你有 100 万而不知道买什么股票，那么在 2007 年中石油上市之后，你应该花 98 万元买中石油，而花 2 万元买贵州茅台。这就是按照总市值为权重的意思，但这个是无法实现的，因为当时中石油的 1619 亿股中，只有 30 亿股是买得到的流通股。如果全市场的投资者都按照这个比例买中石油，那么它的价格会因为供小于求而涨到天上去。即便你买到了，也是买了一个坑。

而道琼斯的指数指导意义在于，无论这 65 家公司的大小，对于小散户来说，你不知道买什么时，最好的策略是每只股票都买一点点。如果沿用上面这个例子，那就是你用 50 万买中石油，50 万买贵州茅台。

这样的话，到现在你的家庭资产应该翻了三番。又何必在乎上证指数跌到哪里了呢?

曾经有财经媒体计算过，2007 年 6124 点的时候，如果一个中国投资者平均买入全部股票，一直持有到现在，那么他不仅没有亏本，还赚了！赚得还不少，超过了 1 倍！下面引述该报道：

经历了 10 年前的 A 股顶峰并留存至今的股票数量为 1462 只。10 年之后，这 1462 只个股的平均涨跌幅是 127.6%，已经翻番。假设你的运气是如此之“好”，恰好在 6124 点入场，以每只 1000 元的资金平均买入这 1462 只个股，总共花费 1462000 元，然后就像歌中唱的那样“死了都不卖”，一直持有到今天，则当前的市值为 3327512 元，盈利 1865512 元。10 年收益率为 127.6%，年化收益率达到 8.57%，完爆几乎所有的固定收益产品。

在这 1462 只个股中，从 2007 年 10 月 16 日至今，有 1000 只个股的区间涨跌幅为正，也就是说，这 1000 只个股已经突破了 6124 点时的股价，其占比接近七成。

其中，涨幅翻倍的个股有 453 只，涨幅超 10 倍的有 13 只。最牛的 3 只股票分别是三安光电、华夏幸福和平潭发展，分别以 59 倍、30 倍和 27 倍的涨幅高居 10 年涨幅榜前三。①

2017 年，我想明白了上面的这个道理。于是就守着几只绩优股，一边分享着每年的红利，一边打新股。一年算下来，光是这样的固定收益就有 8 个点，更何况这些绩优股带来的二级市场收益远超于此，这实在是了不起的成就。当然，这样的成就相比于特朗普，完全不算什么。这位老先生年初上台，没想到他会在接下来的几年内，让我损失惨重。

2017 年，特朗普还只是在美国国内掀起了一阵降税的风波，对中

---

① 宋兆卿．6124 十周年：当年如果“死了都没卖”大概率已经翻番［N］．中国证券报，2017-10-16.

国的影响顶多就是让中国老板们很眼热，跟着起哄也想中国政府大减税。他们吵吵嚷嚷说，再不减税就要或者已经移民美国去开工厂了，听上去怎么都像是一种威胁。也难怪，因为美国这个世界第一的经济体减税了。资本是世界上流动性最大的生产要素，别的动不了，如自然资源，劳动力想动也不一定能去。只有资本，尽管有各式各样的管制措施，但相对而言比较容易流动。所以一个国家如果大规模减税，是足以吸引全球资本向它流动的。

20 世纪 80 年代以来，美国有 3 次大规模的减税历史。

第一次，就是里根—布什时期。里根上台的时候，美国面对的形势有一点儿像现在，国内的经济形势并不是很好。在石油危机的打击之下，美国经受着高失业率和高通货膨胀率的双重重压，是所谓的“滞胀”年代。这比现在的美国还要糟糕。对外，当时的苏联如日中天，国势强盛，GDP 曾经达到美国的 60%，这正是目前中国的水平。但是当时的苏联经济严重倾斜于军工，所以其军事能力基本和美国平起平坐，能在全世界范围内竞争，这一点似乎比现在的中国厉害。

里根上台之后，祭出供给主义大旗——减税和增加军备开支。减税调动了美国强大的供给能力，一下降低了失业率；增加军备开支（最著名的就是“星球大战”计划）给苏联强大的压力，苏联被迫也继续扩大军备开支与之竞争，最后力不能支在 20 世纪 80 年代末倒下了。这是人类历史上少有的“不战而屈人之兵”的经典案例。

第二次大规模减税是小布什时期。小布什面对互联网泡沫破裂之后导致的经济下滑，提出了“10 年减税 1.35 万亿美元”的计划。这显然是为了刺激消费，拉动增长，避免美国经济“硬着陆”。这项减税计划无论从目的还是规模或是最终的效果看，都不如里根时代。到了奥巴马时代，因为次贷危机爆发的影响并未完全消除，实际上继续着财政刺激政策。

但是这段时间让人印象更加深刻的不是财政政策，而是货币政策。

次贷危机实际上就是低利率造成的，但是危机之后的货币政策却进一步走向宽松。过去上课的时候，我们都讲利率一般都是正的，如果银行不但不给你利息还要向你收取保护费，谁会把钱存在银行呢？但是现在，负利率已经成为一种常态。当全世界流动性极度宽松，大家都有钱没有地方花的时候，货币政策的影响就微乎其微了。

第三次，特朗普上台重回财政政策的老路。

首先，在个人所得税方面，特朗普提出把美国目前 7 个等级的累进税率简化为 3 个等级：最低税率由 10%提高到 12%，最高的由 39.6%降为 33%。由此可见，能够从特朗普的联邦个人所得税改革中得益最多的，仍然是占全美家庭总数 20%的最高收入家庭。因为减税，他们的年收入会增加 6.6%。这个收入段家庭缴纳的个人所得税占总额的比例为 77.7%，所以也可以认为是普惠的，毕竟占比超过 2/3。

对于企业税，特朗普计划把企业所得税由现行的 35%减为 15%，而且无论大小公司，一律适用，直接提高企业盈利。那么，哪些行业或从减税中受益呢？根据标普的数据，我们发现消费零售企业（必需消费企业税率 30%，可选消费企业税率 25.8%）、通信（25.2%）、原材料（24.5%）、工业企业（23.1%）等，可能最大幅度受益于特朗普减税，降低了企业费用，提高了利润。而对于地产企业和公用事业，过去几年享受了可观的税收优惠，影响则相对负面。

但是相较于里根、小布什和奥巴马时期，特朗普最大的约束来自美国政府负债率，因而留给特朗普操作的空间其实已经不大了。毕竟眼下美国公共债务已达到 20 万亿美元，超过了美国的 GDP，所以债务上限是特朗普税改前不得不面对的问题。

美国政府开始走加杠杆（减税+基建）的路线，而中国政府却在这个时候开始降杠杆防风险。过去几十年给我们的教训是，当美国战略收缩的时候，正是资本回流的时候，对于发展中国家而言，需要警惕这样的资本回流对经济本身的冲击。特别是像中国这样的 FDI（外国直接投资）最大流入国。

当然，中国经济更加健康。我们逼近美国60%的GDP，主要构成是制造业，而且门类齐全，各部门的比重相对合理。负债率远不如闹危机的欧洲国家，甚至比日本、美国都要低一点，而外汇储备则是世界第一。所以，美国加杠杆的最终结果到底是复制20世纪80年代的成功，还是延续21世纪一轮轮的危机，还需要拭目以待。

2018

改革开放40年：回顾和展望

（最高点3587，最低点2449）

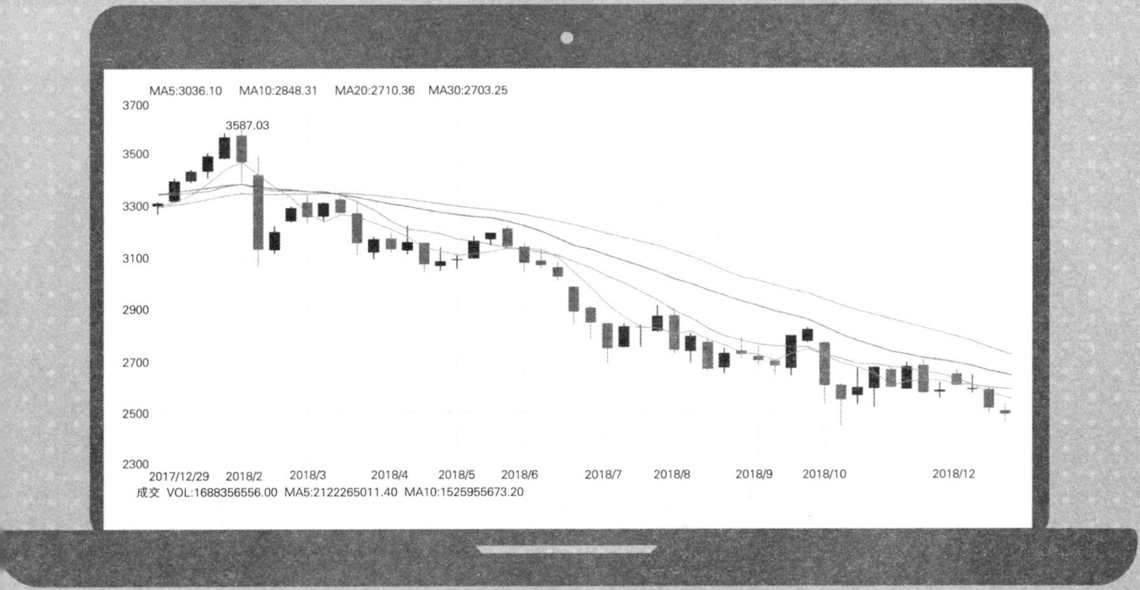

2018 年是中国改革开放 40 周年。本来挺喜庆的一年，股票却从年初跌到年尾，毫无生气，我当然也亏了不少。但是最让我耿耿于怀的，不是亏钱这件事本身，而是亏钱的套路。我第一次在中国股市上栽进美国人挖的坑里面，那就是中兴通讯。

所以，我很怀疑中国那句古话“四十而不惑”。人活到 40 岁这样的年纪，很多事情都应该想通了，对生活没有什么困惑了。那么我为什么还会跌进那么大的一个坑呢？我觉得自己真的应该好好想明白这件事。《德国之声》这个时候恰好约我写一些文字来纪念改革开放 40 年，我突然觉得，可以好好理一下我的思路，看看中国经济。

如果没有特朗普，没有中兴通讯的事情发生，纪念改革开放的文章很容易写：总结中国经济高速增长的主要因素，褒扬改革开放促成的中国奇迹。但是现在，在这个 40 周年的特殊时刻，突然冒出来一个与众不同的美国总统，发誓要掀开中国经济奇迹的底裤来看看，结果让全世界发现了和原来想的不一样的成色。于是大家忽然觉得好丧气，难道这 40 年的积累都是一场空吗？未来的中国会朝哪个方向发展？是会继续增长，和其他东亚经济体一样，步入发达国家行列？还是增长停滞，和那些所谓的“中等收入陷阱”国家一样？

美中贸易战：中国经济的一次压力测试

网上流传着一个不是笑话的笑话：自从特朗普威胁对中国发起贸易战以来，到 2018 年末，中国的股市蒸发掉了 1 万亿美元的市值，而美国股市倒是上涨了大约 2 万亿美元。于是吃瓜群众弱弱地问：“说好的两败俱伤呢?”

确实，这一次美中贸易战才刚刚开打，未来也不知道到底会打到什么程度，在一切都还是未知的情况下，中国股市作为老百姓的信心指标，已经明明白白地出现一种恐慌。那么，到底如何评价这次来自美国的压力测试呢?

中国现在的GDP大约是12万亿美元，对美出口5000亿美元，占整体经济的4%多。[①] 美国加征25%关税，当然会削弱中国商品在美国市场上的竞争力，但是这并不意味着我们会完全丧失这个市场。因为基本的经济学原理告诉我们，加收的关税会在消费者和生产者之间分摊，其分摊的比例取决于双方竞争力的大小。例如，中国的产品如果有很强的替代者，就可能得不到消费者的分摊，从而被潜在竞争者挤出市场。但这并不是唯一的竞争结果，从全球来看，美国消费者想要找到完全替代中国的生产基地并不容易。美国政府在开征关税之后不到24小时马上打补丁，请有需要的行业申请豁免，就是说明其替代品并不容易找到的一个例子。

即便按照特朗普的期待，减少了一半左右的市场，中国也就丧失了大约2个百分点的市场需求，合计人民币1.6万亿元。这个收缩的幅度并不是短期政策不能抵消的，比如中国在2007年采取的积极财政政策，一下子就增加了4万亿元的基础设施建设，这个规模可以完全抵消美国对中国采取禁止出口措施的影响，何况现在就是加征关税而已。

除了出口，还有进口的影响。目前中国对美国采取贸易对抗措施，也加征关税。逻辑同上，中国消费者必然也会分摊涨价的比例，而其多寡，取决于美国产品的竞争力。如果我们认为美国产品有极强的竞争力，比如芯片，无可替代，那么中国消费者就会承受全部的涨价。当然，这仅仅是在既定技术水平情况下的短期影响。如果因为加征关税，

① 数据来自国家统计局网站，以下涉及中国宏观经济的数据均来自该公开数据库。

促进了本国技术的增长，那么从长期来看是有好处的。这其实就是贸易保护主义的理论基础。至于能不能实现，则是有条件的。适当地加征关税，必须要和开放的人才引进和技术引进策略相配套，才能得到我们期待的结果。一味地高筑壁垒，只会养出“巨婴企业”，永远长不大，替代不了进口技术。

从这个意义上讲，这次美中贸易战其实是中国长期增长途中的一次压力测试。回顾“二战”之后的所有新兴经济体，无一不遇到过至少一次这样的压力测试。20 世纪 90 年代初的日本资产泡沫危机和 20 世纪末的亚洲金融危机，都是发生在东亚的压力测试。如果再延伸一下，21 世纪的全球金融风暴，导致了对石油为代表的基础资源产品价格的极大打击，也导致了对“金砖国家”的成色检验。这些压力测试，有些国家扛过去了，之后继续增长，今天已经是发达国家，如韩国；有些倒下了，到现在为止也没有起来，如俄罗斯和巴西。所以不少人由此及彼地推论，中国现在也有高概率出现经济下滑。这样的情绪传导到股票市场，就是目前大跌的基础逻辑。

中国到底能不能扛过去？这要对中国的经济做出合理解读之后才能做出结论，而不是简单地复制别人的经验或者教训。解读中国经济，特别需要注意中国的经济体量和经济结构与其他新兴经济体之间的差异。

首先，无论是日本、“亚洲四小龙”，还是巴西、俄罗斯，这些经济体都只能聚焦世界整个经济体系中的一个或者几个环节。它们的本土市场容量非常有限，都需要依赖美国市场作为最终产品的销售地。这也是美国能够对其他国家挥舞贸易大棒的根本原因所在。

而中国的市场规模是潜在第一，13 亿人在一个统一的市场内，这在全世界找不到第二家。虽然目前人均收入只有发达国家的 1/5，但是中国已经在不少可贸易型商品上成为世界第一，如飞机、汽车、家电、手机等等。所以在不远的将来，挥舞市场大棒将会是中国的一个选择，而不仅仅是一个美国特色的政策选择。从这一点来看，美国选择现在这个时间点和中国对抗而不是晚 10 年，是很聪明的，但也很无可奈何。面对美国的贸易壁垒，最好的应对策略不是加征关税，而是启动国内市场。这是中国得天独厚的优势，如果不加利用，就实在是“捡了芝麻，丢了西瓜”。

其次，中国的劳动力人数超过 7 亿，也大致相当于整个发达国家群体，因此目前中国的产业链相当长，几乎没有什么产品不能生产。更加重要的是，中国人勤劳，其平均工作时间远超发达国家的平均水平。因此从总劳动时间来看，中国的生产能力也远超发达国家。中国人也比较重视教育，为了子女教育，家长愿意倾全力投入，这使得中国的人力资本平均水平远高于别的同等水平发展中国家。最好的例子就是中国和印度在大学毛入学率上的对比，2000 年以前，中国在这个数据上落后于印度，但是现在已经是印度的 2 倍。

所以从短期来看，任何国家试图找到一个可以替代中国成为世界工厂的经济体，都是相当困难的。例如，美国芯片固然可以对中国断供，导致中兴通讯这样的企业瞬间停摆，但是如果中国所有的手机厂商都拒绝使用美国芯片，那么美国芯片商其实也是死路一条。因为正是中兴通讯这样廉价而高质量的中国组装厂，才能实现美国芯片进入全世界市场，供消费者消费。

从长期经济增长的决定因素来看，中国只要能够发挥这 7 亿劳动者的能动性，尊重人才，保护产权，中国的增长不会因为别人的短期制裁而长久地停顿下来。

正因为如此，我觉得可以有条件地看好中国的未来：中国的未来不会像中兴通讯那样一击而倒；但它到底厉害不厉害，要看能不能成功实现经济转型和制度变革。

中国经济体制应该转向何方

国际社会没有永远的朋友，只有永存的利益，这个道理大家都知道。那么为什么在面对特朗普咄咄逼人攻势的时候，欧洲人和中国人走不到一块儿呢？因为双方面对的不是同一个问题。无论是美国还是欧洲，对中国的期待都是继续向市场经济转型，从而实现所谓的“公平贸易”；而欧美之间的矛盾则是基本实现了市场经济前提下的不同产品结构造成的利益纠纷。

那么，在市场化改革道路上前行了 40 余年的中国经济，究竟是不是市场经济呢？这是一个很难回答的问题。因为出于研究的目的，我们需要有一个很好的量化指标去定义市场化程度。例如，我们可以用全社会的就业情况做参考。在改革开放刚刚起步的 40 年前，城镇就业人口主要分布在国有和集体企业，两者占比分别是 78%和 22%，没有什么人受雇于私营企业。但是到现在，这个情况出现了根本性扭转。将近 80%的城镇人口就业于私营企业，而只有不到 20%的劳动力就业于国有企业，介于两者之间的集体企业几近消失。[①] 随着国有企业混改的推进，这个数字还将进一步变化。在私营企业就业的劳动力，其配置机制当然是市场化了的。

但这并不是事实的全部。从宏观经济学的角度出发去理解一个经济体的时候，资本、劳动力、自然资源、技术等，都是决定最终产品（GDP）的生产要素。无论哪一种要素市场，都存在着政府作为“运动员”而不仅仅是“裁判员”的身影。比如资本市场，由于主要的金融机构都是国有资本为大股东，所以在贷款的投放上，具备天然的偏向性。同样的逻辑存在于自然资源部门。中国的自然资源从法律上讲就是国有的，城市土地作为工业企业的重要自然要素，由政府独家掌控，作

① 数据来自国家统计局网站。

为产业政策的有效工具，当然会影响经济产出。从这个意义上看，中国又很难被认为是一个比较市场化的经济体。

而关键的思考点在于，当我们总结过去 40 余年中国经济增长的成果时，是因为我们更多地引入了市场配置机制，从而提高了效率？还是因为我们坚持了政府的影响力，从而避免了其他转型国家所经受的大起大落？

从中国经济过去 40 余年所处的增长阶段来看，正好在实物资本积累是拉动经济增长的主要引擎阶段。这个实物资本不仅包含私人资本，而且包含了公共资本，这或许是已经进入发达国家行列的欧美各国不曾意识到的。即便是对东欧国家而言，其转型开始的时候也已经渡过了工业化和城市化初始阶段。所以直到今天，从人均 GDP 的角度看，中国才刚刚赶上俄罗斯，而不是相反。

这意味着，过去 40 余年的资本积累不仅需要有一个市场机制去给予私人资本足够的激励，而且需要有一个能够激发政府投资公共物品的激励机制。而后者，正是过去 40 余年不可或缺的政府影响力，尤其是正面的影响力。中国现在通过亚洲基础设施开发银行来推广这个思路，确实是有其自信的基础的。有大量的经济学研究认为，中国地方政府的竞争晋升机制，是地方政府愿意极力投资于公共设施，从而拉动经济增长的重要原因。

我们看到，每当中国经济遭遇外部冲击，政府就会启动基建计划来对冲。1998 年的亚洲金融危机，政府通过建设高速公路网，解决了大量的就业，并且提高了经济潜在生产力，从而在危机之后的 21 世纪初，获得高速增长。2008 年的世界金融危机，中国政府再次推出高速铁路网计划，短短 10 年间，建成世界上最大的高铁网，消化吸收了德国、日本的先进高铁制造技术，现在也有信心向外推销。这不能不认为是中国政府对经济的正面影响力。

当我们回顾总结过去 40 余年的高速增长原因时，既不能忽视这样的影响力，也不能忘记它们得以成立的条件。那就是，中国经济处于城市化和工业化的初期，实物资本积累是主要的经济增长动力。政府作为公共物品的投资人，发挥着促进经济长期增长和熨平经济短期波动的双重作用。

那么对于未来的经济增长，我们认为其增长阶段会慢慢地从实物资本积累转向人力资本积累（教育）以及科技创新驱动。

我们可以看到，从经济增长的阶段而言，未来的中国在市场化取向的改革道路上，应该和欧美发达国家的要求越来越趋向于一致，而不是越来越分道扬镳。这个过程究竟是中国自觉意识到，还是通过外部的压力被迫意识到，是一个有趣的观察点，让我们拭目以待。

从中美对比看技术创新要求的金融市场转型

从加杠杆、降杠杆到稳杠杆，中国的宏观经济政策似乎一直在和杠杆过不去。这是因为以金融杠杆为代表的金融市场，是现代经济得以增长的重要助推器。过去 40 余年中国经济高速增长，其中以银行为代表的金融市场功不可没。那么，未来中国经济如果期待用技术创新作为新型发动机的话，是否可以沿用过去大量举债的间接金融市场模式呢？还是需要金融市场的转型，作为改革的新方向？

金融市场对实体经济的支持作用，可以从国家统计局公布的“社会融资”占 GDP 的比例中看出端倪。仅仅 2002—2016 年的 15 年间，社会融资数量就已经从 2 万亿元增加到 12 万亿元，占 GDP 比例一直比较稳定地处于 25%左右，最低 16%，最高 40%。[①] 这是实体经济从金融机构获得的资金总额，也是投资和生产的关键要素，体现了金融市场对实体经济的支持作用。

具体分析社会融资总量中的构成要素，可以大致上分为两个部分：

---

① 数据来自国家统计局网站。

其一是贷款，这是实体经济通过向银行申请贷款获得的资金总量，也就是间接金融市场提供的支持力度。这在2002年高达92%，目前下降到70%；其二是企业在金融市场上通过债券和股票融资获得的资金总量，2002年只有不到5%，现在已经接近25%。由此可见，过去20年，随着经济增长，中国的金融市场结构发生着缓慢的变化，直接融资比例上升，间接融资比例下降，这是大势所趋。特别是在2013年以前，这个趋势更加明显，间接融资比例一度下降到50%左右。

但是另外一方面，我们从货币供应量的角度看，又会发现M2占GDP的比例一直在上升，从20年前的差不多100%到现在的200%，翻了一番。而M1只从45%上升到65%，增长了不到一半，甚至我们的M0还从13%下降到不足10%。这说明我们的货币供应量增加，主要并不是央行超发基础货币造成的，而是金融市场通过货币乘数再生货币产生的。而最近10年，我国的经济增长率下降了一个台阶，M2占GDP的比重继续增加，并且增速并没有改变，这说明，大量的银行存款并没有像过去一样转化为银行贷款，投入到实体经济中去。

从这个意义上说，我们认为，中国过去的经济增长方式走到了尽头。依赖间接金融市场融资为实体经济提供增长保证的阶段，正在慢慢过去。

从美国成功的创新拉动经济的模式看，创新引领经济增长的关键在于有一个活跃的多层次的直接金融市场为保障。因为间接金融市场的融资要求有足够的抵押物，而创新型企业缺乏的就是抵押物。所以从这点来看，要求以银行为代表的间接金融机构去支持中小企业乃至于创新型企业，从逻辑上就是不成立的。而美国解决这个问题的办法，就是通过各级风险投资市场，构建多层次的直接金融市场，为实体经济服务。

过去10年，美国股市走出了一波波澜壮阔的大牛市，以道琼斯指数为代表的股票市场比历史高点又增长了1倍多。但是我国的A股市场却迟迟没有复苏，离历史高点还有一半以上的差距。美国的股市总市值对 GDP 的比值已经超过 150%，而中国才 50%不到。对比全球的金融资产配比，我们可以看到：非地产类的金融资产中四成以上是证券，而银行存款只有 27%；与此相反，中国的银行存款高达 62%，而证券只有 28%。[①]

当然，中国过去 40 年的增长也不是说没有创新型经济。只不过，我们的创新型经济主要依赖民间金融市场和国际风险资本。例如，温州模式的成功就是因为以家族为纽带的民间借贷相对发达，而这种民间借贷其实就带有原始的风险投资性质。它们大多数没有依靠抵押物，而是用个人或者家族信用作为担保。在此期间，A 股市场并没有为创新型企业提供足够的金融支持。所以从宏观上看，虽然我们的增长率是世界主要经济体中最高的，但是这 10 年来，A 股市场却完全没有反映出来。这不是一个小问题，因为这既意味着我国经济增长中的利润增速不够高（股市实际是利润的体现），也意味着我国金融市场对技术创新缺乏支持。

到目前为止，中国的金融市场主要是信贷市场，也就是间接金融市场。以银行为主体的间接金融市场能够在过去 40 余年里助推中国高速经济增长，但并没有能够大力帮助创新型企业发展。这从中国的创新领先企业（以 BAT 为代表）都在发展早期获得外国资本中可以看得出来。马云在中国的银行系统中得不到创业资本支持，但是国际风投却愿意也能够支持这样的初创企业，这就是直接金融市场的魅力。

现在我们的经济需要转型，就需要大力发展以二级市场为代表的多层次的直接金融市场，直截了当地说，我们需要提高 A 股市场对资金的吸引力。一个慢牛市场才能吸引资金，才能给实体经济输血，才能助力经济转型和增长。同时，我们需要去杠杆，把庞大的、囤积在信贷市场上的资金“赶”出来，从而实现金融市场由间接向直接融资的转型。

---

① 数据来自国家统计局网站。

这是一个事情的两个方面，必须有配套政策统一进行。

基于对当前市场实际情况的分析，最好的改革支点在于改变国有控股大企业的经营策略，加大分红力度。因为这样做一方面可以提升二级市场的资金吸引力，另一方面也可以压缩信贷市场的扩张冲动，一举两得。

目前我国A股市场的绩优企业（以上证50为代表）其实市盈率很低，远低于美国道琼斯指数（这也是美国绩优企业的代表），这样的资本市场低估值，就不能吸引市场资金进入。因为资本市场是一个整体，绩优股不“搭台”，成长股就“唱不了戏”。而我们的国有控股大银行在这样的绩优股指数中权重很大，牵一发而动全身。例如，工商银行市盈率还不到7倍，未分配利润几乎是市场价格的一半左右，但是现在分红率很低，大约是4%，对资金的吸引力不够。如果现在提高分红率，通过国有大股东（社保基金或者国资委）宣布，从今年开始把每年利润的80%~90%拿出来分红，最低不低于10%的股息率（不足用未分配利润弥补）；或者宣布一项股票回购计划，每年用以上等资金量回购股票。这样一来，股息率就会比现在提高1倍多，对囤积于银行理财市场的资金产生明显的“虹吸效应”（目前的理财市场回报率在7%~8%）。这就有利于真正地去杠杆，压缩信贷风险。同时，国有大银行也会稳健经营，以求每年稳定分红。随着经济增长，以国有银行为金融市场主体的格局会慢慢改变（融资占有比例会逐步下降）。这是间接金融向直接金融转型的一个方向。而绩优股提升派息率，会直接提高二级市场对资金的吸引力，当然也会增加A股市场对实体经济的输血功能。资金进入股市，股市IPO，定增购并都可以适度扩容，实体经济也有了活水源头。这是间接金融向直接金融转型的另外一个方向。两个方向一升一降，转型就水到渠成了。

“市场换技术”和知识产权保护，对中国来说同样重要

2018 年初的时候，中国的最著名通信设备制造企业——中兴通讯，遭遇了来自美国政府的禁运制裁。一天之内，这家有 8 万名员工的大企业，几乎陷入破产绝境。这件事深深地刺激了中国人的神经。实际上对这件事情，有两个截然不同的解读：一些人就事论事，认为中兴通讯这样一家国际化的企业，不遵守规则，触犯了美国法律，无可同情；另外一些人忧虑的是，如果中国几十年经济增长中诞生的相对优秀的企业，都如此不堪一击，遑论其他？那么中国的技术进步水平到底如何呢？

有两组数据可以简单地描述一下中国的基本情况：

首先，从中国国家专利局的数据看，过去 20 年里，中国的专利申请数量和获得数量都大致增加了 30 倍，年增长率接近 20%，是经济增长率的 2 倍有余。所以，无论是绝对值还是相对整个经济的相对值，中国的技术进步都是快速的，并没有表现出什么落后的迹象。

其次，如果我们认为这些国内的专利申请有水分的话，可以用中国向美国申请的专利数量，以及和其他国家的情况做对比。1995 年，中国获得美国国家专利（USPTO）的情况和其他金砖三国（巴西、印度、俄罗斯）差不多，南非是中国的 2 倍。值得一提的是，德国的水平是中国的 100 倍（德国是 6600 件，中国是 62 件）。20 年后的 2014 年，中国获得 7236 件，远超其他金砖国家（巴西、俄罗斯、南非三国基本保持在原地踏步水平，而印度也高速增长，达到 3000 件，是中国的一半不到一点）。对比发达国家，中国是德国的 43.7%，日本的 13.5%。①

所以，那些认为中国经济增长没有技术含量的言论，和认为中国技术已经可以和美国一较高低的观点一样，都是不够客观的。中国仍然是一个在高速增长路径中的发展中国家，它的整体技术水平得到了极大的

① From “Made in China” to “Innovated in China”: Necessity, Prospect and Challenges, Shang-Jin Wei, Zhuan Xie, Xiaobo Zhang. *Journal of Economic Perspectives*, 2016. 11.

提升，但是和世界发达国家相比，还有差距。也正因为如此，中国坚持“用市场换技术”来获得发达国家转移的落后技术和保护知识产权促进原创性技术进步，仍然是未来重要的两大政策，缺一不可。

用市场换技术，应该是基于市场交易的自愿行为。外国企业进入中国市场，需要得到熟悉本土市场情况的当地企业的帮助，当地企业需要外来的成熟技术，这是双赢的交易，不存在谁赢谁输的问题。而发达国家企业进入中国市场，也不会转让出关键技术去交换市场份额，从中国高铁的交易中就可以看出这一点。虽然当时的铁道部已经把买家垄断的市场优势发挥到了极致，但也没有做到买断全部核心技术的地步。今天，中国建成了世界上最为庞大的高速铁路网，但同时，中国仍然需要进口大量的关键设备和技术。这说明，外国技术和中国市场结合，才获得了成功。如果外国技术能够独立开发市场的话，为什么在中国市场之外，我们没有看到其他类似规模的高铁网呢？

为了发展中国的核心技术，中国政府应该认识到知识产权保护制度的重要激励作用。如果我们认为中国人和其他发达国家人一样聪明，就应该自信，中国人的人口规模应该产生出更加多的专利和发明创造。而这需要在知识产权得到保护的前提下才可能取得。中国政府和社会不能静态地看待问题，觉得目前是欧美发达国家的专利技术比较多，所以保护知识产权就相当于给发达国家白白地交学费，而应该动态地看待这个问题，这样的巨额学费是对中国 13 亿人民的巨大激励，能激励他们去研发和创造。这种积极性在过去的农业改革和工业改革中屡次得到验证，为什么不能在科技领域再次得到验证呢？所以，保护知识产权，不是为了保护外国人的利益，而是为了保护全体发明创造者的利益，最终也是为了保护全体人民的利益。

保护知识产权，还要和打击科研造假相结合。没有严厉的惩罚机制，一定会产生“劣币驱逐良币”的效应，不利于对核心技术的追求。2018 年爆出来的“韩春雨事件”，和很多年前的芯片造假事件一样，说明这十几年来中国政府在打击科研造假方面进展不大。这也可以被认为是知识产权制度方面的缺失，需要进一步的改进。

教育，才是决定中国未来的最终因素

在总结过去 40 年的经济增长的原因的时候，我们一直无法回避一个很简单的问题，就是为什么中国能够成为所有发展中国家中对外资（FDI）最具吸引力的地方呢？在邓小平“南方讲话”的 1992 年以后，FDI 一度达到整个中国固定资产投资的 15%，有力地促进了中国的产出增长和技术提升。除了政府在基础设施投资上的重要作用之外，人力资本也是一个难以忽视的重要因素。

从经济学的角度出发理解外资的选择，劳动力的性价比一定是一个重要原因，因为只有和劳动力结合，资本这个生产要素才能够生产出 GDP。那么，哪个国家的劳动力“性价比”越高，FDI 就越愿意进入哪个国家。这是个很朴素的道理。

这里之所以不用廉价，而用“性价比”这个词去描绘劳动力的状况，是因为资本在选择投资国的时候，就像消费者逛商场一样，并不单单看了价格标签就买东西，还要比较东西的质量，看看是不是物有所值。那么在改革开放的初始阶段，中国的劳动力素质怎么样呢？

在分析劳动力素质的时候，有两个比较好的质量指标来分别衡量“低端的劳动力（工人）”和“高端的劳动力（工程师）”的质量水平。

首先是成人识字率。它描述了最普通工人的基本素质。这个普通工人，实际上是支持发展中国家发展初级阶段的劳动密集型产业的重要生产要素。由成人识字率可以反映出这个国家的普通工人的知识水平。识字率越高，代表工人越能够理解现代大工业的操作程序和熟练能力。政府在这一点上做得相当好，1990 年，中国的成人识字率达到 78%，超过世界平均水平。大家或许会不满意这样的水平，怎么才达到平均水平啊？可是要知道，1990 年的中国人均 GDP 还不到世界平均水平的 10%！（按照世界银行的数据，当时中国大约 300 美元，而世界平均水平是超过 4000 美元）

这说明中国政府在经济起飞之前，已经为未来的经济增长储备了足够优秀的普通劳动力。由此，在全世界吸引 FDI 的竞赛中，中国可以成为最能够吸引外资的发展中国家！与之相对比，印度这个更加接近西方国家体制的发展中大国，有极低的劳动力成本，也有更好的保护产权的法治体制，但是在国际资本面前并没有那么具备吸引力，因为他们的成人识字率到 2015 年才达到 72%。

不过，印度有印度的优势。在第二个衡量指标方面，印度曾经走在中国的前面，就是“大学入学率”。这个指标说明的是未来劳动力中的工程师比例，或许它能够部分地代表经济增长中的创新能力。2000 年，中国是 7.7%，而印度是 9.5%，两相比较，印度的优势明显。所以记得 20 世纪 90 年代我念书的时候，不少经济学者认为，印度在高科技方面或许会比中国发展得好。

但是这个情况在 21 世纪发生了重要变化。从 2000 年开始，中国政府启动“大学扩招计划”。到 2005 年——仅仅 5 年之后，中国的大学入学率就已经达到 20%，这已经非常接近世界水平（24%）了，而印度依旧徘徊在 10%左右。大学生数量的急剧上升，为现在中国在高科技领域的迅速增长提供了保证。如果没有足够数量的大学生介入劳动力市场，我们很难诞生阿里巴巴、腾讯和华为这样优秀的高科技企业。

大学扩招增加了中国高端劳动力（工程师）的数量，但是大学本身的教学和科研水平的提高，才能改善未来中国工程师的质量。而只有提高未来工程师的质量，才能保证创新成为企业和宏观经济的主要驱动力。现在，中国经济的增长方式需要从资本积累和资源耗费转变为创新驱动，政府也提出了诸如“中国制造 2025”等计划。

我们本土的大学学生和老师可以通过和国外先进大学合作，取得长足进步。几年来中国的留学生数量大幅增长，回国数量增加更快。因为体制原因，中国不能像吸引产业外资一样把教育领域开放给世界，但是“出口”学生相当于“进口”大学。1996 年中国的出国留学生数量只有 2 万人，到 2015 年已经超过 50 万。回国率（回国人数/出国人数）从当初的 30%提高到现在的 80%。按照一所大学招生 1 万人计算，每年 50 万的出国留学生相当于我们进口了 50 所大学。

2019

股市从来没有像现在这么重要过

（最高点？最低点？）

整个2018年，有大半年我在很多场合不断地讲中国转型升级需要中国股市的配合。用经济学学术一点的语言来说，就是“金融体制需要从间接融资为主向直接融资为主转化”。但是我开出来的处方，并不被市场认可。大盘“跌跌不休”一整年，然而到了年底，特别是中美两国最高领导人在阿根廷的G20峰会上会晤以后，舆论似乎在慢慢转向。

到了2019年初，忽然之间，牛市好像就要来了。媒体一下子总结了几个牛市的特征，一一校阅，发现还比较多地符合当下形势。例如：

1. 估值很低。我们的大A股无论是历史比较，还是和其他国家的股市横向比较，其估值都是最低之一。

2. 年初的行情（第一季度）居然也出现了成交额破万亿的情况，上次出现这样的事情，恐怕还是3年前。

3. 无论是国内的新开户数还是外资的流入，都增加得非常快，这说明有新鲜血液。

4. 证券股的上涨非常明显。“春江水暖鸭先知”，证券行业是最能够体会行情温度的。

在这样的情况下，远在欧洲的《德国之声》居然也来电话邀请我聊聊中国股市。在他们看来，中国领导人表态说“中国的金融制度也是中国经济的核心竞争力”① 是这一波行情的关键要素。

2019年2月22日，中共中央政治局举行第13次集体学习，主题是“完善金融服务、防范金融风险”。这也是党的十八大以来第二次以金

① 习近平．金融是国家重要的核心竞争力！[EB/OL]．搜狐网，http：//www.sohu.com/a/297551941_ 100020267.

融为主题的中央政治局集体学习，第三次政治局级别的金融主题会议。结合最近股市火爆的行情，这被民间解读为股市上涨的理由，甚至有人闻到了 2015 年那一场“杠杆牛”的气息。

实际上，针对金融在经济中的地位问题，我们的领导层一直都没有忽视过。1991 年初，邓小平在视察上海市的时候就说过：“金融很重要，是现代经济的核心。金融搞好了，一着棋活，全盘皆活。”

金融作为现代经济的重要环节，主要体现在为实体经济融资的功能上。有一个健全的、合乎发展阶段的金融市场，就可以把资本有效配置到最需要的地方，从而促进生产和消费，完成国民经济的循环。

我在 2018 年底回顾中国改革开放的系列文章中提到，中国现阶段的主要困难和机遇，都在于经济的转型升级。而经济发展越接近前沿，就越需要一个以直接融资为主的金融市场相配合。

前一阶段强调的“降杠杆、稳金融”，就是针对在以资本密集型的产业发展为主的时候，造成的大量呆坏账的处理。但是不断地处理呆坏账，不断地关、停、并、转，搞“供给侧改革”，都只能是整顿旧经济，不能直接产生新经济。而金融想真正稳住，还是需要在增长中解决问题。就像 20 世纪末中国政府对四大行的高额坏账处置一样。剥掉坏账成立另外的资产处理公司，可以处理四大行的账务问题，但不能解决中国宏观经济的转型升级问题。最终整个经济是在加入 WTO 后，获得新产业发展的基础上实现了高速增长；同时解决了旧坏账。

现在中国经济的发展依然需要新兴产业的发展。政府可以通过加强基础设施，完善金融市场，让市场说话，让金融市场去配置资本，在优胜劣汰中选择真正适合中国发展的新兴产业。而由于现在中国的发展阶段已经远远高于 20 年前，我们的新兴产业也已经越来越和世界最前沿的新兴产业发生重合。就像任正非说的：“华为的技术创新已经过了模仿阶段，进入了一个没有方向的沙漠地区，需要自己摸索，没有前人可以借鉴。”中国整体的宏观经济虽然还远没有到达华为这样的阶段，但是趋向于此，却是一个不争的事实。

因此，同样是强调“金融是现代经济的核心竞争力”的一句话，在金融市场的结构上，是可以做不同解读的。

20 世纪 90 年代，这句话的意思是要大力发展以银行为主体的间接金融市场，目的是给资本密集型产业提供扩张的资本。所以当时剥离四大行的坏账，四大行轻装上阵，同时又通过海外上市，进行了现代企业制度的改革，到现在成为中国最赚钱的企业。

到了今天，这句话的意思应该是大力发展以股市为主体的直接金融市场，目的是给技术密集型企业提供资本。所以从这个意义上说，中国股市从来没有像现在这样重要过。中国政府在这个方面实际上做过一次尝试，就是建立于 2010 年的深圳创业板。但是 2015 年投机资金利用中国资本市场的缺陷，过度透支了未来的红利，毕其功于一役，实际上错过了一次大好机会。2019 年再次提出科创板，并且和当年一样试图进行注册制改革，是会重蹈覆辙，还是会闯出一条新路？我们还不能简单地下结论，因为这个结论取决于很多制度性的前提条件。例如，能不能增加金融市场的违法成本，加大退市力度？作为一名经济学者，也作为一个投资中国 27 年的普通投资人，我抱着谨慎的乐观，看待本次股市的复苏行情。

和股市缠绕在一起的是楼市。有人统计过，中国老百姓的绝大部分资产都以房产的形式存在，这和美国、德国等国家形成鲜明对比。而房产税，就是悬在中国楼市上方、也是悬在中国改革开放 40 年成果之上的“达摩克利斯之剑”。如果未来对房产征税，实际上就是对老百姓过去 40 年辛苦工作的劳动成果征税，理应慎之又慎。所以，这几年不断被提醒房产税终究会来，但实际上的推进却很慢，这两年还进一步说明了需要“立法先行”。

一个新税种的开征，需要一个可以被老百姓认同的法理基础，这样才能获得老百姓的认同。不能像有些专家认为的，只要政府有收入上的需求，就可以不顾法理，任意开征。

那么，这样的财产税合理吗?

不少专家引述美国的例子，认为这些发达国家都在对房产征税，为什么中国就不可以呢?“淮南为橘，淮北为枳”的道理告诉我们，同样的树在不同的环境条件下会有不同的果实。在美国这样的发达市场经济国家，土地基本私有，对房产征税，实际上是对房产脚下的土地征税。因为你的房产坐落于这个位置，享受了周边公共设施的便利性，所以需要为此付费，这是房产税的法理基础。交的房产税也都用于社区公共设施的改善，进一步增加了土地的价值（体现于房价的上涨）。

而中国的土地本来就不是房屋所有人的，而是房主向政府租赁来的，大体上是 70 年的使用权，也有不少是更短时间的。前一段时间，温州就有部分 20 年租赁期的土地使用权到期了，住户在出售房产时遇到了法律上的障碍。所以从理论上讲，土地周边公共设施的改善带来的土地增值，并不属于房主，在土地使用权到期之后，国家是有法律依据将土地收回或者重新估价，按照新的使用权价格再次出租的。

中国内地政府在建立出租土地的制度时，参考的并不是美国这样的市场经济国家，而是中国香港。香港因为本来就是从清政府手里租了 100 年的土地使用权，所以不可能出售土地，只能转租土地。所以，香港政府对房主收取的类似房产税叫“差饷”，大约是房产价值的 2‰，和欧美的房产税不可同日而语（欧美大约在 2%），因此也有人认为这是对房屋租金的征税。

即便都是土地私有的发达市场经济国家，也未必每个国家都在征收美国式的房产税。例如，德国对房产的征税，就明确是对房屋所在的土地征税，而且征税的依据是十几年前的土地价值，这样计算出来的房产税，每年不过是现在房产价值的千分之几。

那么可不可以索性学其他国家和地区，征收一个极低的“房产税”（千分之一二）? 这就要看征税的必要性了。换句话讲，建议开征房产税的那些财政目标，是不是可以通过改革和完善现有的土地批租制度，能够以比较小的成本就达到呢？如果可以，我们就没有必要开征房产税。

第一，现有的中国特色的土地批租制度是适应我国现阶段发展需要的好制度。

中国政府现有的土地批租制度解决了发展中国家城市发展初期对资金的迫切需求，是一个适应当前发展阶段的好制度，不应该轻易否定。不少人认为应该征收房产税的理由是美国、德国等西方国家都在征收，我们为什么不能征收？

这样的逻辑忽视了我国是处于高速城市化的发展中国家，地方政府对资金的需求是为了建设城市基础设施；而发达国家地方政府的主要任务是维护城市基础设施。这两种不同任务对资金的需求等级是不同的，建设费用远远高于维护费用。而作为发展中国家，我国的金融市场又不如发达国家来得完善，所以从资本市场上融资相对困难而且成本较高。

举例来说，某块土地的价值 100 万元，按照 2%的税率征收房产税，政府每年收入 2 万元，这或许足以支付周围公共设施的维护费用。但是对于发展中国家的政府来说，目前需要的是建设新公共设施，这样对资金的需求不是 2 万元，而是 100 万元。那么可能的办法就是政府向银行借款，用未来的税收收入偿还。这样就形成了政府公债。

现在的中国土地批租制度就是把未来 70 年的房产税一次性收取了，于是就刚好提供了修建新设施的费用，并不需要政府来负债经营。而房主一下子拿不出这 70 年一次性缴纳的税怎么办？他们通过房产抵押贷款，从银行获取资金，用未来数年的个人收入还本付息。实际上，这是用老百姓举债的办法修建了新地铁，这样形成的是家庭私债。

所以从本质上讲，两种制度都是向老百姓征税从而建设并维护公共设施。但是不同的经济发展阶段意味着我们现在一次性征收 70 年土地使用费，更加有利于迅速城市化。

第二，用家庭私债代替政府公债，是不是更加有效率呢？

政府发公债修建公共设施，因为缺乏市场竞争的制约，容易引发低效率的资源配置。假设政府规划失误，某个地方用公债修建了公共设施却没有人住，收不到房产税，形成债务负担，就要强迫全体纳税人承担，政府本身并没有能力对此负责。

而现在政府的土地批租价格是用招投标形成的，一块土地能不能够批租出去，是由市场决定的，也是由房东承担风险的。一个地方土地价格太低，就是市场发出信号：这里不需要大兴土木；如果这个地方高价拍出了土地以后没有人住，形成资源浪费，并不需要全体纳税人承担风险，仅仅是这些投资人投资失败而已。

从这个角度看，中国的现行制度更加趋近于市场经济，是收益和风险相匹配的资源配置制度，更加有效率。

第三，很多人认为目前土地批租制度的一个缺点是，政府收到了70年一次性缴纳的土地租金，全部用于公共设施的建设，钱用完了，以后这些基础设施的维护费用怎么办呢？而发达国家每年按照房产限值收税，可以保证地方政府获得稳定的财政收入。

但这样的对比是经不起推敲的。在目前中国的土地批租制度下，并非不能解决稳定的现金流问题。例如，政府可以规定所有土地批租所得款项的一定比例（如10%）存放于某只公共基金，作为未来的维护费用。政府在实践中也已经在运用这样的公共基金制度，如中国房主买了房子以后都要强制缴纳一笔公共维修基金，只不过目前这个基金仅仅用于公寓楼内的公共设施维护而已。如果把这个逻辑运用于政府的土地收入，也照样可以解决城市政府维护整个城市公共设施的费用，而这样的制度改动，其成本远低于开征一个新税种。

一旦强制设立了一个公共维修基金，就相当于对未来若干年的房产征了税，短期内有推高地价的风险。这时候，我们可以用缩短拍卖的土地租赁年限做灵活处理。

而反观发达国家，每年收取房产税的制度也未必就能够保证一个稳定的现金流。因为当政府出现一个财政支出需求（如修建一条新地铁），超出即期财政收入时，地方政府很容易就可以通过举债，把未来的现金流变现成为即期收入。这样一来，仍然可能造成“寅吃卯粮”的情况。而西方发达国家屡屡出现的政府财政危机就是佐证。

第四，通过开征房产税来抑制房价，不如完善现有制度更加容易施行。

开征新税而不取消原有税费，当然会抑制交易，有助于降低房价，但是我觉得这样的抑制效应顶多就是一次性的。一旦开征以后呢？税率不是股票价格，它会相对稳定，并不能时时刻刻调整，房价高了低了，都有一个稳定的房产税率；而现在的土地批租实行的是拍卖制度，其价格（其实就是70年房产税的税率）更加富有弹性，从而可以对房产市场做出灵敏反应。因此从调节房价的角度看，土地拍卖并不是一个僵硬的房地产税，更加有助于市场调控。

例如，我们可以在房价高涨时期，提高上述公共基金的存缴比例。这样一来，就相当于提高了70年一次性收缴的房地产税的税率，有助于抑制房价；而在房价低迷的时候可以暂时调低这个比例。所以从调节房地产市场的角度看，是成本低廉的好制度。

实际上没有什么证据表明，美国式的房产税有助于降低房地产泡沫。对比美国和德国这两个经典的发达市场经济国家就可以发现：没有（或极低）房产税的德国，其房地产市场的走势远比有房产税的美国平稳得多。在过去几十年中，德国素以房价低而稳定著称于世。而美国倒是经历了著名的房地产泡沫，引发了全球的经济危机。而德国的经验表明，在交易环节征收重税，加上大量的房屋供给，才是解决房地产市场波动的不二法门，和有没有美国式房产税并没有多大的关系。

第五，千万不要低估开征房产税的社会代价。

为什么我认为开征房产税的社会代价会很大？不仅仅因为这是对过

去40年改革开放成果的征税，而且因为这会造成社会阶层的割裂，也会引发对产权保护的怀疑。

不少人推测，房产税会采取累进制，也就是对多套房征税，而豁免首套房。但是这样一来，或许别墅或大户型豪宅的拥有者又会占了便宜；而且即便对多套房征税，也未必对穷人有好处。因为多套房一般来说是用于出租的出租房。对出租房征税，其税收负担必然会在房东和房客之间分摊，具体的分摊比例由当时的市场情况而定。中国城市化进程还在继续，新人口流入，对租房需求略显刚性，那么这样的税收负担就会主要由房客来负担。这是经济学最基本的道理。

综上所述，无论从政策制定的合理性还是必要性看，开征房产税都未必是一着好棋！

写在最后：A股市场上散户的赚钱之道

中国股市就是这样，在低迷的时候任你怎么说投资价值，都没有人理会。等到牛市来了，什么样的人都会来告诉你明天哪只股票会涨停。当然，问题在于，谁知道牛市来没来呢？

过去近 30 年的投资经历，一遍又一遍地告诉我们散户，你真的不知道下个月牛市会不会来，你千万不要不知道这个“不知道”！那么，是不是因此我们就不能投资 A 股市场了呢？当然不是。

大多数中国的股市投资者，都不相信这一点。他们总认为 A 股就是一个赌场，甚至连赌场都不如。一般聚会碰到玩股票的朋友，听说我是经济学副教授，总会有两种表态。友好一点的就问：经济学家，说说看，为啥中国的股票总是不上涨呢？轻视一点的就会说，哦，中国的股市，一般经济学家是搞不懂的，你们只会纸上谈兵。这样的印象，被经济学家们自己强化，所以搞得我百口莫辩。

这两个态度都不是没有道理。但是如果这个经济学教授和股民一样，从大学还没有毕业的时候就开始炒股了呢？他是拿自己那个股民的身份瞧不起自己那个经济学者的影子呢？还是用经济学者的那个身份说出一个道道来，解释一下中国股市和经济的运作逻辑？

说到股市和经济，总是有人认为，两者在全世界都是高度关联的，但在中国却是例外。我不知道这样的结论从何而来？美国、欧洲的经济到现在也没有从经济危机的阴影中完全走出来，它们的股市却创了新高，这是高度关联的一个例子吗？为什么一看到自己的经济指标下降，就怀疑地认为中国的股市不能走牛；而美国的道琼斯创了新高，却不认为它是不合理的背离呢？这种美国股市和经济的关系，其表象和中国相反，但背后的道理是一脉相通的。

股市的指数高低是和这个市场能够带来的红利高度相关的，而经济增长的指标，如GDP，是这个经济体的整体产出水平。一般来说，经济的整体产出越多，作为资本的提供者（也就是以前大家说的资本家）获利应该也越多，这是我们习以为常的“股市和经济应该高度关联”这一论断的背后逻辑所在。但这还是需要前提和假设条件的，那就是资本所得能够分给资本的提供者。而这在现代的大公司体制下，并不那么容易实现。

为什么？因为实际上，现代公司体制中把握了公司营运实际权力的是经理层。“委托—代理”问题①在经济学研究中之所以能够成为一个热点，说明经理层并没有先天的激励去为了股东的利益勤奋工作。他们希望最大化的，自然是自己的利益。而这个问题，虽然普遍存在于现代企业制度之中，却特别凸显在发展中国家。而中国这样以国有制为主体的混合制发展中国家也可凸显。国有制实际上就是一个现代股份制企业的极端状况，所以它们的“委托—代理”问题也就特别突出。A股一开始就是为国有企业解困，这就导致了在初期很长一段时间内，股民能够得到的分红并不多。这就进一步解释了，为什么过去几年中国的经济高速增长，但是股市却一直低迷不堪。

其实，如果我们从中国股市中选几个优质的大盘股来测算一下，就会发现现在的回报水平刚好接近社会的资金成本，并不算差，当然也不算好。我们假设，有人在2007年以最高价4.86元买入中国工商银行的股票，那么过去十几年来，他每年得到的分红率，大约在5%，这个水平略高于银行存款利息，但低于大部分的理财产品。换一个角度看，不

① 经济学研究公司治理问题的时候，注意到一个最普遍的现象，就是任何项目的委托人（往往是上级人员），把项目执行交给代理人（往往是下级人员）的时候，对于项目的实际情况，往往是代理人了解得比委托人多得多。这样的信息不对称，会导致很多问题，如代理人工作懈怠或者冒进。公司的股东和管理层之间就是一个委托—代理关系。股东是委托人，把公司作为一个项目交给管理层，管理层就是代理人。

算收益算成本的话，每年分红也减少着他的持股成本，现在他的持股成本应该早就低于当前市价，并没有什么严重套牢，当然也没有什么很大的获利。

但是如果你换一只成长型的银行股，如民生银行，情况就稍稍复杂了。它上市以来的最高价是 21 元。上市之初并没有什么大比例分红，前 10 年每年的分红率按照 21 元算，仅仅 2%左右。但是它的股本扩张非常快，2001 年的 1 股已经变成现在的 18 股，所以 2012 年和 2013 年两年它开始实际派息，一下子出现了复权后 30%和 20%的高比例分红率。这样 10 多年平均下来，每年的分红也有 5%左右，所以含金量和上面的中国工商银行其实差不了多少。但是我们在不同阶段对这只股票的期待完全不同。2013 年以前，我们虽然得不到大比例的分红，但是因为其高速增长，我们寄希望于未来；而 2013 年以后，它逐步回归蓝筹模式，我们的期待就是它也能够不断提高分红比例，这和中国工商银行一样。

由此可见，现在的分红水平下，期待股市有很好的表现并不现实。因为它们的分红水平并没有超出社会无风险收益多少，而希望在于未来。未来的高收益来自两个方面，其一是像中国工商银行一样的垄断型国企能够逐步提高分红比例，实现长期的投资价值；其二是成长性公司通过过去十几年的积累和成长，逐步转化为稳定高分红企业，就像当年的民生银行一样。这样的话，我们的股市整体分红率就会继续提高，从而吸引场外资金入市，创造出一波真正的大牛市。

当然，这个观点是老生常谈，并无新意。不过从这几年 A 股市场的实际表现来看，这样的老生常谈正在慢慢地变为现实。越来越多的上市公司开始大比例分红，如几大国有银行，其股息率都已经超过银行定期存款利率。所以我常常劝那些害怕股市而喜欢把钱存银行的朋友，与其把钱存银行（也就是借钱给银行，做债主），还不如买银行股票，做股东。

尽管如此，小散户还是不满意。比如我，就会在媒体上写文章，继续呼吁加大分红比例。其实，在这些国有大蓝筹还没有迅速提高分红率的档口，证券监管部门已经急不可耐地帮我们设计了一种有利于长期投资者的新股认购方案。3 年前当我看到这个新方案的时候就计算过，这相当于每年送给长期投资者大约 5%的回报。3 年实践下来，我可以负责任地说，其实收益率还高于这个水平一点点。

当然，这个方案的实现是有条件的。它更加有利于资金量不足的小散户，比如我。因为新股认购有上限，如果你能够在账户内保持大约沪、深各 30 万元的股票市值，就能够获得最佳的新股中签比例。低于此没有关系，无非是中签数量会成比例下降，也就是拉长了中签的间隔时间。大数定理告诉我们，最终你的收益率并不会下降。但是如果你的资金量大于这个数量，那么因为这两年大盘新股很少，所以反而会降低你的收益。要不怎么说这个政策是从投机者口袋里掏钱补贴投资者，而且是从大户口袋里掏钱补贴小散户呢？当然，据说几个亿市值的超级机构大户还有网下认购的通道，这就不是我等散户可以够得着的了，因此我也没有研究。

这就是说，如果你是一个资金量不超过百万级别的散户，觉得长期持有中国工商银行之类的股票（俗称“门票股”），获取大约 4%的分红收益率还不满意的话，那么证监会让那些喜欢投机炒作的人每年再补贴你 5%，你长期持有工商银行的合计收益率就会达到大约 9%，这就明显超过了大部分银行理财产品。所以，很多人说中国股市是一个适合投机不合适投资的市场，我一百个不同意。如果还有人说中国股市不合适中小散户，我简直觉得他们是好赖不分。

为什么说这个新股认购收益，是让喜欢投机的人补贴喜欢长期投资的人的呢？因为中国 A 股市场的现实是，新股都会在上市初期短期爆炒，在高位被新股中签者卖出以后，就会长期下跌。这就是一个简单的击鼓传花的游戏，相当于短期的投机者整体上付出了参与游戏的门票钱，这个钱就是对新股中签者、也是长期持有门票股的投资者的回报。

年化收益率 9%是什么概念呢？看看美国，看起来是一个持续了 10 来年的长牛市，但是它的年化收益率是多少呢？其实也就是 9%左右。而这 10 年中，巴菲特这个世界级股神的收益情况呢？其公司伯克希尔·哈撒韦的股价大约上涨了 3 倍，合计年收益率是 11%多一点点。这么说起来，眼下中国证监会送给你的，就是和世界级股神 3 个点的距离，还不满意吗？

说到美国的长牛、慢牛，大部分的散户朋友都很期待。觉得美国月亮虽然不比中国的圆，但是股市一定比中国的 A 股好。这不，我的微信粉丝群内就有朋友问我，A 股市场的结构（牛短熊长）是不是不利于穷人？是不是美国这样的长牛市场，才有利于穷人呢？

这是一个极好的问题，因为也许其答案并不如我们的直觉那么简单明了。

首先，我们需要明确穷人和富人的区别。一般来说，穷人的最大特点，就是主要依赖于工资性收入。也就是说，他的收入是一个流量的概念，每个月都会有一点。而富人有一笔巨大的财富，可以一次性进行较大的投资。当然，在现实生活中，我们往往还会看到不少高收入者，他们的工资性收入很高，同时拥有一笔巨大的财富。为了分析的简单起见，我们可以忽略这样的复杂情况，只考虑一个没有工资性收入而只有一笔巨大财富的“富二代”，和一个只有工资性收入却没有巨大遗产的打工者。那么面对资本市场，这样的两种人，其投资策略有什么重要区别呢？

我们会发现，这样的两类人，先天具备两种不同的投资策略。打工者因为其收入是流量，所以，他的投资很容易采取“定投策略”，也就是把每个月的结余定期投资于资本市场。过去只有银行存款的年代，我们把它叫作“零存整取”，现在有了股票市场，一个打工者也可以定期买入特定的指数基金。而“富二代”在期初就已经拥有了一笔巨大财富，所以他的投资策略比较适合一次性的买入卖出。

以沪深300指数为例。如果两个人在2005年这个指数初始，就实践这两种不同的策略，到现在为止，其收益率如何呢？截至2019年3月底，沪深300指数上涨了340%，这就是一个“富二代”在这14年间投资于A股市场的基本收益。而坚持定投策略的打工者，假设以季度为单位，每个季度末买入沪深300指数基金，到现在为止一共定投56期，其直接的收益率只有57%。这样一来，对比非常明显，似乎“富二代”远远跑赢了打工者（340%大于57%）。

不过，这样的对比是不恰当的。因为在这个对比中，富二代的收益率对应的时间是14年，而打工者的收益率因为是定投，所以其平均投资时间只有7年，这个57%是7年的资产增长率。如果把这个时间矫正到相同的14年，那么其收益率是146%（1.57×1.57-1=1.46），虽然依旧小于富二代的340%，但是差距并不像一开始看上去那么大。

如果我们再仔细看一下A股走势，就会发现其实这个差距主要是因为指数诞生以后马上迎来了一波大牛市。从2005年中到2007年第三季度，共计10个季度的时间内，沪深300指数上涨了6倍。而2005年的起点实际上是这14年的最低点。这有利于富二代而不利于打工者。如果我们假设自己的投资从2017年第三季度这个14年来的最高点开始，那么结果恰恰相反。到现在为止，富二代还在亏损状态，其收益率是-30%；而打工者因为定投策略，其本金是每季度逐步投入的，收益率已经扭亏为盈，是+30%。同理，如果把定投的投资时间矫正到14年，那么收益率是69%，这个差距似乎更加引人注目。

实际上，在一个持续上涨的慢牛行情中，定投者因为逐步买入，其成本总是高于在期初一次性买入的投资者，所以，美国式的慢牛行情并不有利于打工者，反倒是有利于富二代。而在一个波动幅度很大，又是牛短熊长（如A股市场）的行情中，打工者因为定投，可以摊薄成本，在最高点还是在最低点开始并不重要（上述例子中，打工者的收益总是正的，在 30%～57%）。而对于富二代来说，买在最高点还是最低点，简直就是人生赌局（在-30%～340%）。

所以，富二代可以学打工者，分散投资，降低风险；但是打工者却最好不要学富二代，一把赌人生。可惜我们在现实中看到的，往往是最坏的策略——你在最高点架不住诱惑买入了股票，但是等它跌下来的时候，你又不敢“越跌越买”，反而只能在低位离场观望了。